JN126703

［編著］
新地 辰朗
［共著］
後藤 康志
泰山　裕
田嶋 知宏
梨本 加菜
和田 裕一

情報メディアと教育

新たな教育をデザインする

樹村房

はじめに

　高速通信ネットワークや1人1台端末の小学校，中学校，高等学校への整備，デジタル教科書の導入，遠隔教育，CBT による学力調査，VR による没入感のある体験など，情報コミュニケーション技術（ICT）を投入した新たな動きとともに，教育や学習の姿が大きく変わりつつあります。今日，教育の質や効果を高めるために，また時代のニーズに応える人材育成のために，教育に携わる専門職の方々には，新しい技術に翻弄されることなく，ICT を的確に活用できる力量が求められています。本書では，情報活用に関わる道具やしくみとしての情報メディアについて，小中高の教員，学校図書館司書教諭，学芸員にとって必要となる内容を複数領域にわたり学習できるよう編纂しました。

　わかりやすい授業，生活と関連ある学習，学習者が主体的に取り組む学びなど，理想とする教育をめざした歩みの中で，教育の工夫に利用されてきたのが情報メディアです。初期においては絵や図などの非言語情報を利用し始め，科学技術の進展につれて写真，映像，放送，コンピュータ等を導入し，それぞれの時代で利用可能な情報や情報手段を積極的に利用することで，先人による知恵や文化，そして生活に役立つ知識・技能を伝承してきました。情報メディアを利用して教育を充実してきた歴史を振り返ると，教育の目的や人間の特性に関する多角的な視点を総合しながら，教育・学習と情報メディアの組み合わせを設計する知識や姿勢が必要なことがわかります。

　また，複雑で予測不可能な現代社会で必要とされる資質・能力についての国際的議論が進み，期待される人材像，そこで必要となる教育や学習のあり方が再考されつつあることへの理解も，これからの情報メディアの利用には必須と言えます。今日，教師や学校に求められているのは，学習者自身が課題を見いだし，その解決を試行錯誤するサイクルを繰り返し，自分に適した学び方を獲得できるプロセスの提供です。学習者それぞれの情報活用の力を高め，また発揮させながら，自在に学びを展開させる教育が期待されています。

　本書は，教職課程での「教育の方法と技術」「情報通信技術を活用した教育

の理論と方法」「情報メディア論」「視聴覚教育メディア論」，学芸員養成課程
での「博物館情報・メディア論」，学校図書館司書教諭講習での「情報メディ
アの活用」での学修を想定し，次のような内容で構成しました。「Ⅰ．教育に
おける情報メディア利用の歩み」では，17世紀から今日に至るそれぞれの時代
での情報メディアの利用と教育的な意義について解説します。「Ⅱ．情報メデ
ィアの認知と学習効果」では，心理学実験による知見を紹介しながら，知覚情
報の受容や選択，記憶のメカニズム，そして学習素材としての文章と画像の認
知や学習効果について解説します。「Ⅲ．情報メディアと思考」では，学習指
導要領などを参考に"考える"ということについて整理した後に，思考スキル
を補助したり習得させたりするツールを紹介し，さらに思考スキルを育てる授
業について解説します。「Ⅳ．情報メディアについての教育」では，情報化の
浸透とともに変遷したメディア・リテラシーの歴史，知識基盤社会に求められ
るメディア・リテラシー，そして学校教育におけるメディア・リテラシーの育
成について解説します。「Ⅴ．教育におけるICT活用」では，資質・能力に関
わる国際的議論を整理したうえで，教師の専門的力量としての情報メディア活
用，そして情報教育の歩みについて解説します。「Ⅵ．図書館における情報メ
ディアの活用」では，図書館の各種機能や活動における情報メディアを概観し，
学校図書館の読書センター，学習センター，情報センターとしての機能に着目
しながら情報メディアが果たす役割，そして学校図書館司書教諭や教員の役割
について解説します。「Ⅶ．博物館における情報メディア活用」では，資料を
効果的に展示して解説し，また資料の保存や調査研究を行う，さらに新たな資
料や情報を生み出す機器や手法としての情報メディアの利用や展望について解
説します。

　本書で学ばれた方々が，新しい教育のデザインと実践において，教育の専門
家として情報メディアを利用する力量を的確に発揮されることを願います。

　2023年1月吉日

新地　辰朗

もくじ

［**本書の執筆分担**］（執筆順）

新地　辰朗：Ⅰ・Ⅴ　　　和田　裕一：Ⅱ

泰山　　裕：Ⅲ　　　　　後藤　康志：Ⅳ

田嶋　知宏：Ⅵ　　　　　梨本　加菜：Ⅶ

I

教育における情報メディア利用の歩み

　わが国における視聴覚教育の普及にも大きく寄与した，エドガー・デール（Dale, E., 1900-1985）（本章 1.2.2 参照）は，教えるとは「伝達することであり，経験を分かち合うことであり，各自の持っていることを共通することである。結局教えるということは，以上のことを巧みに展開することであり，人間の相互作用の過程を深め，その意味を豊かにし，我々の考えていることを相手によく判らせることである」[1]と述べている。教育における情報メディア利用の歩みは，まさに教育目標の達成をめざすコミュニケーションや相互作用に，情報メディアを効果的に利用してきた知恵と工夫の蓄積といえる。

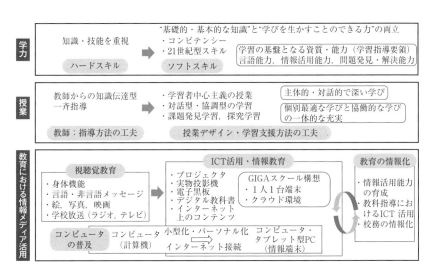

図 I-1　情報メディア活用と授業・学力

1：デール著，西本三十二訳『デールの視聴覚教育』日本放送教育協会，1957, p.11.

　したがって，教育での情報メディア利用の歩みを振り返る際，特定の技術や装置への関心に偏ることなく，ここ50〜70年程度の様子を示した図I-1にみられるような，高めるべき学力に応じて変遷する授業のあり方との関係にも留意する必要がある。本章では，身体に備わった機能を用いた表現・伝達から，ICT（Information and Communications Technology，情報コミュニケーション技術）を活用した表現・伝達・発信から情報活用まで，教育や学習に係る情報メディア利用の歩みを整理する。

1.　情報メディア利用の草創

1.1　身体機能・絵・文字による表現

　表情，しぐさ，声など，人類は身体にもともと備わっていた機能を活かし，感情を表したり，メッセージを交換したりすることで，互いに関わり合いながら生活してきた。道具を使うようになると，距離や時間を超えて，情報を伝えることができるようになってゆく。かがり火，のろし，太鼓などにより距離の離れた相手への伝達や描画による時間を超えての伝達も実現した。例えば，2万年以上前に描かれたスペインのアルタミラ洞窟やフランスのラスコー洞窟の壁画は，当時の風景や出来事の様子を今に伝える。文字が発明されると，形に描くことの難しい思考や感情を表現したり，さまざまな出来事を正確に記録したりすることができるようになり，人類の情報伝達に革命的な変化が生じた。メソポタミアで暮らしていたシュメール人による楔形文字は最古の文字の一つとされ，紀元前3000年ごろの地層から出土した粘土板に記録された穀物や家畜の数量などから，当時の経済や宗教の様子を読み取ることができる。一つひとつの文字が意味を担う楔形文字や象形文字に対して，紀元前600年頃に発明されたとされる表音文字は，文字の組み合わせで多様な意味を表すことができ，文字そのものの読み書きに高度な知識や技能を必要としなかったため，多くの人びとに利用されるようになった。フェニキア文字を起源とするアルファベットは，その後に影響を与えた表音文字の代表であり，アラビア語をはじめとす

▲表情

▲ジェスチャー

▲かがり火

▲のろし

▲洞窟壁画（バイソンが描かれたアルタミラ洞窟）

元来の 絵文字	90°ひっくり 返された処	古代 バビロニア	アッシリア	意味
				鳥
				魚
				ロバ
				牡牛
				太陽・日
				穀物

▲楔形文字

出典：E. キエラ著，板倉勝正訳『粘土板に書かれた歴
　史：メソポタミア文明の話』岩波書店，1958，p.59.

▲グーテンベルク印刷機による
　42行聖書

提供：慶應義塾図書館

図I-2　身体機能・絵・文字，印刷による表現

▲グーテンベルク印刷機（複製）
提供：天草市立天草コレジヨ館

図I-2　身体機能・絵・文字，印刷による表現（つづき）

る言語につながってゆく。

　キリスト教の聖書やイスラム教のコーランのように，教徒の信ずべき信仰内容や守るべき信仰生活の訓戒・規範を示した経典が用いられたように，精神的共同社会を営むために，また共通の知識を共有するために，言語で記録された文献が利用するようになった。伝え聞く行為から文献を読み取る行為への変化は，情報に対する関り方を変化させるものであり，人びとの知的水準の向上に大きく寄与するものであった。しかし，手書きによる複製作業の繰り返しで，オリジナルの文献と同じ内容の本を増やさざるをえない頃は，時には写字生の筆跡が原因で文字が読みにくかったり，数の不足により著しく貴重であったりしたため，文献に接することのできたのは上流階級など一部の人びとに限られた。文献の利用を多いに広めたのは，1450年頃のヨハネス・ゲンスフライシス・グーテンベルク（Gutenberg, J.G.-1468）による活版印刷術に代表される印刷技術の発明であり，大量に，また安価に活字本を提供できるようになった。

金細工師匠でもあったグーテンベルクは，金属活字の鋳造やインクの開発を経て，木版印刷機に比べて耐久性の高い，効率的な印刷を可能とした。紙と費用を節約し，余白も確保した42行聖書の印刷は，グーテンベルクの代表的な業績である。

　以降，文献をとおして先人の経験や知恵に接する重要性が広く認識されるようになり，文字や文章そのものを学ぶ場や，書物から知識を得る場が求められるようになってゆく。

1.2　情報メディアの教育方法的利用の始まり

　知識や教養を身につける価値が認識されるようになると，教育を担う学校や教師が現れるようになり，学ぶ内容の選択と分類，学ぶ順序，教える技術，そして教師の役割等が考慮された教育システムが求められるようになってゆく。貴族等の特権階級に限ることなく庶民も通うことのできる学校，先人が残した伝統的な知識・文化だけでなく日常生活との関連を見いだしやすい事項の選定，極端な忍耐を強いることなくわかりやすく学ばせる技術など，教育のありようが総合的に追究されるようになると，学習内容と学習者とをつなぐ教育メディアについての考えも深まりをみせてゆく。

　世界最初の体系的教育学概論書とされるコメニウス（Comenius, J.A., 1592-1670）著の『大教授学（Didactica Magna）』[2]（1657年）では，目的や要約が述べられている副題の冒頭において「あらゆる人に，あらゆる事を，教える普遍的な技法について提示する」とした後，学校制度，教育内容・教育課程，教育方法について，相互に関連させながら全33章にわたり著されている。この『大教授学』では，例えば，第18章「教授と学習との着実をえる諸基礎」での「人間はできる限り，書物からではなく，天と地，樫の木やぶなの木から学ぶ態度を教わらなくてはならない」，第20章「知識の教授方法について」での「あらゆるものをできるだけ，学習者の多くの感覚にさらすことが教授者の黄金律」のように，書物よりも事物そのものに対する知覚を優先させる重要性が度々述

2：コメニウス著，鈴木秀勇訳『大教授学』1・2，明治図書出版，1962.

べられており，直観教授の最初の理論体系がみられる。以降，ルソー（Rousseau, J.J., 1712-1778）やペスタロッチ（Pestalozzi, J.H., 1746-1827）らにより，感覚や直観，そして経験の重要性が指摘され，実物教授，絵，図などの非言語情報を組み合わせた教授が提案・実践されるようになってゆく。

　次第に，子どもの体験や自発性を大切にしたり，感覚に訴えたりする教科書が現れるようになり，教育方法的に利用される情報メディアとして，教科書は大きな役割を担うようになった。また，教師に対しても，文字や言葉等の言語情報にのみ頼ることなく，教育方法を工夫する能力が求められるようになり，後の視聴覚教育の礎を見いだすことができる。

　本節では，教育における情報メディア活用草創期の代表的な歩みとして，教科書へ絵を挿入した『世界図絵』，またメディアと経験との関係を表した「経験の円錐」を紹介する。

1.2.1　感覚に訴える情報メディア

　直観主義で知られるコメニウスが，ラテン語学習用の教科書として公刊したのが，『世界図絵（*Orbis Sensualium Pictus*）』（1658年）である。『世界図絵』の最も顕著な特色は，自然，物，現象，科学，技術に関わる事物を説明するすべてのページに絵が挿入されているところにあり，世界最初の絵入りの教科書とされる。絵は写実的に描かれたものが多く，語句や文章から学ぶのではなく，事物そのものをよく見ることを優先させ，感覚（視覚）による事物像の認識と言語学習が並行して進められるように配慮されている。また，誰もが学ぶべきものとして150の事物が選定されており，百科全書的知識体系で構成されるなど，生活の周辺にある全体像を学べるように工夫されている。幼年期（1〜6歳）を対象にした母親学校での利用を想定したものであるが，少年期（7〜12歳）にも適した教科書であったと思われる。

　このように，『世界図絵』はコメニウス自身が『大教授学』で求めた，事物・感覚を大切にする教授，事物の全体像を知らせながらの教授を実現しようとしたものであり，教育方法的工夫が認められる情報メディアといえる。『世界図絵』は，英語版，ドイツ語版，ハンガリー語版，チェコ語版，フランス語

版，イタリア語版，ポーランド語版，アラビア語版，トルコ語版，ペルシャ語版，モンゴル語版等，初版以降350年間に少なくとも260種類以上の異版が出版されるなど，多くの地域で長い期間，親しまれたものである。

　『世界図絵』[3]の序言では，「子どもたちが，幼児の頃から，絵を喜び，展覧

ラテン語に対する，ドイツ語，ハンガリー語，チェコ語の訳。「本文：花の中で最もよく知られているものとは，春のはじめでは，すみれ（図中の1），ヒアシンス（2），すいせん（3）（略）」のように，本文中の単語に付された数字と図絵に付された数字により事物と対応させ，また周囲の関係から事物のありようを理解しながら，言語を学ぶ工夫がなされている[4]。

図 I-3　『世界図絵』第 XIV 章　花

3：J.A. コメニウス著，井ノ口淳三訳『世界図絵』ミネルヴァ書房，1988.
4：同上，p.24.

されたものを見て楽しむこと」から着想を得た「絵の挿入」により，「学校で
は拷問ではなくて喜びだけを感じられるように，生徒の心を誘い」「事物に向
けられる注意力をかきたて，それをいっそう鋭くし」「遊び戯れるようなやり
方で事物の知識を与えられる」と，著者コメニウスの意図が示されている。絵
の挿入により，学びやすくするだけでなく，感覚そのものを高めながら事物の
理解を深めさせ，判断力や意思形成に必要な能力を獲得させる教育をめざした
ことが理解できる。ただし，コメニウスは学校の大切さを訴えているが，この
ころの学校の数はきわめて少なく，特に恵まれた環境にある者しか通うことが
できなかった。

1.2.2　半抽象・半具体と情報メディア

　文字や言葉から学ばせるだけでなく，実物に触れさせたり，観察・実験させ
たりするなど，実感性のある学びの必要性が指摘される中で，写真，ラジオ，
映画等の活用が教育に普及するよう
になると，より多様な工夫や活動が
みられるようになった。

　本章の冒頭でも紹介したエドガ
ー・デールは，1946年の『学習指導
における視聴覚的方法（*Audio-Visual Methods in Teaching*）』にお
いて，教授・学習で用いられる，言
語，図，ラジオ，写真，映画，展示，
見学，劇等を，具体性（抽象性）の
違いから10段階（バンド）の経験に
分け，すべての経験は具体と抽象と
のスケールの間にあるとし，図 I -
4 の「経験の円錐（Cone of Experience）」に示した。

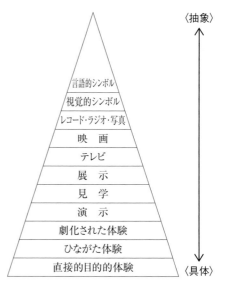

図 I -4　経験の円錐
出典：デール著，西本三十二訳『デールの視聴
　　　覚教育』日本放送教育協会，1957，p.35より
　　　一部改変

表 I-1 「経験の円錐」の各バンド

〈抽象〉	バンド		経験の例等
	言語的シンボル		• 言葉，文字など，最も抽象化されたシンボルによる学習 　　抽象化レベルの高いシンボル例：デモクラシー，主権，価値 　　抽象化レベルのやや低いシンボル例：馬，バスケット，家 • 言語的シンボルと比較して具体性の高い経験も，言語により抽象化され，概念化される過程を経て，生活や仕事に応用される
	視覚的シンボル		• 事物の関係や本質を抽象的に捉えた視覚情報による学習 　　例：地図，グラフ，図表
	レコード，ラジオ，写真		• レコード，ラジオ：音を通しての深い意味内容や臨場感のある学習 • 写真：ある時間の出来事や様子に関わる視覚情報による学習
	動画	映画	• 一つの事項に関して，異なる時間や場所での出来事を一つに繋ぎ合わせ示したものからの学習 • スロースピードなどで，人間の眼では捉えられない映像による学習
		テレビ	• 生活に密着した即自的な映像による学習
	展示		• 物と物との関係を目で捉えることによって，認識を深める働きをもつ展示による学習 • 展示された実物を鑑賞したり，その動きを観察したりして，結果がすぐに判断できる学習
	見学		• 教室で設定した問題を，実際の見学の場で解決する学習 • 実際の問題をその場に行くことにより，対象をありのままで具体的に，観察しながら解決する学習 • 見学によって得たところを記録にとどめ，さらにそれを概念化し，総括化する学習 　　例：遠足，工場見学，史跡めぐり
	演示		• 実際にやるのでなく，見て観察する学習 　　例：算盤をやって見せる，実験の演示，発音してみせる
	劇化された体験		• 実際には参加できない事柄の劇をとおした学習 　　例：選挙や総会を劇にして，実際にやってみる
	ひながた体験		• モデルを動かしたり，使ったりする経験 • 複雑なものを単純化して学習に利用 　　例：時計のモデルを動かしながらの時間の学習
〈具体〉	直接的目的的体験		• 感覚的な経験 • 学問を深めてゆくと，現実や実際の経験から遠ざかる危険性があるが，基盤的学習経験となりうるもの

出典：山田泰嗣「エドガー・デールの視聴覚教育思想と学校図書館」『文化学年報』2005，pp.63-81，およびデール著，西本三十二訳『デールの視聴覚教育』日本放送教育協会，1957 をもとに筆者作成

　円錐の下部に位置するほど，具体性が高く，直接的目的的体験，ひながた体験，そして劇化された体験と，学習者自身による直接的な経験がみられる。演示からレコード・ラジオ・写真までは，主に見たり聴いたりする経験となる。抽象性が高い円錐の上部では，文字や言葉を用いて概念を形成したり，自身の経験を生活や仕事へ適用できるように一般化したりする学習に至る。各バンドにおける経験の例等を整理したのが表Ⅰ-1である。

　「経験の円錐」についてデール自身が心理学的分析を経た完全なものではないと説明しているものの，半具体・半抽象といった中間的段階を含む多様な経験を選択肢としながら，具体性の高い経験に終わらせることなく，概念を形成したり，言葉で表現・共有したりできるようになる過程は，多様な情報メディアを教育方法に応用する手がかりになるものといえる。教育における情報メディア活用は，視覚，聴覚といった感覚に訴える効果だけでなく，具体性や抽象性に留意した教材活用や授業構想を求めることになる。

2. 視聴覚教育と情報メディア

2.1　視聴覚教育の歩み

　視聴覚教育という用語は，1952(昭和27)年に刊行された『視聴覚教材利用の手びき』の編集会議で，audio-visual education の訳語として定まったとされる。中野照海は，1963年の米国の視聴覚教育学会の特別委員会「視聴覚教育の定義と用語に関する委員会」での定義を参考に，視聴覚教育の基本原理を「学習過程を制御するメッセージの作成と活用」，また研究と実践の課題を「画像メッセージと言語メッセージとの学習過程における効果を明らかにするとともに，メッセージを授業システム全体に位置づけての効果を明らかにすること」[5]とした。

　学習過程に及ぼす影響を意識した意図的な情報メディア活用やメッセージの

5：財団法人日本視聴覚教材センター『視聴覚教育メディアの活用』1992, p.7.

視聴覚教育の方法的特質	プログラム学習の方法的特質
1. 具体的経験内容を組織的・意図的に提供し，豊かな経験の上に学習を展開することを目指す	1. 論理的ステップに教材を構成して，学習が無理なく進められるようにする
2. ひとりひとりの個性的な捉え方を許容するとともに，むしろ，そのことを要求することで，個性的な学習を促す	2. 一人一人がステップごとに判断し答えを選択し，反応することによって進められるが，これを制御して確実に目標に導いていくようにする
3. しかし，様々な捉え方・個性的な捉え方を単にそのままにしておくのではなくて，それらを交流させることによって，知識や技能の本質を多角的に捉えさせようとする	3. 一人一人が自分のペースで学習を進めることができるようにする

図 I-5　視聴覚教育の方法的特質
出典：高桑康雄「視聴覚教育の方法原理」『視聴覚教育』30(4)，1977，24-27.

作成・活用をめざすのが視聴覚教育である。また，選択する情報メディアによるメッセージの特性を理解したうえで，情報メディア活用による授業への効果を究明するのも視聴覚教育といえる。今日の視聴覚教育では，情報メディア活用による効果的な指導方法や授業や学習のあり方，そして学習環境に至るまで，教授・学習の充実・変革をめざした多様な観点からの研究や実践がみられる。

　視聴覚教育の方法的特質について，高桑康雄は図 I-5に示すように，オペラント条件づけを適用させたプログラム学習と対比させながら，経験と学習との関連，個を尊重した自律的な学習，そして周囲との協働をとおしての発展的な学習を想定している。わが国の視聴覚教育は，教育方法的文脈をもちながら，授業研究や実践的指導力等の教師の専門的力量を求めつつ発展した。

　米国における視聴覚教育の初期の歩みとしては，第二次世界大戦中の軍事訓練で教育効果を高めたスライドや映画の利用がある。兵士の特性によりメディア利用の効果が異なるとする適性処遇交互作用等の基礎的な研究成果が得られるなど，実践と理論の両面から視聴覚教育が進展した。大戦後，教育学者，心理学者，技術者などの専門家の多くは，大学で視聴覚や情報科学に関わる教育や研究を継続した。また，視聴覚的訓練を受けた人びとの中には，復員後，学

校や地域での視聴覚資料や視聴覚機材の活用を推進した者もおり，米国における視聴覚教育の普及に寄与したとされる。

　大戦前にも幻灯，紙芝居，スライド，映画等を利用してきた日本においても，米国での流れを受け，視聴覚教育が進展することになる。1946（昭和21）年10月に再発足した日本映画教育協会は，16ミリ映写機の整備や教育映画制作用の生フィルム配給に取り組み，1947（昭和22）年には月刊誌『映画教室』（1952（昭和27）年に『視聴覚教育』に改題）を刊行するなど，社会教育，産業教育，学校教育における視聴覚教育を促進させた。1948（昭和23）年の連合国軍最高司令官総司令部（GHQ）の民間情報教育局（CIE）による都道府県に対する16ミリ映写機1,300台の貸与[6]は，社会教育や学校教育における映画の利用を普及させただけでなく，国産映写機の開発，教材映画の制作，文部省視聴覚教育課の新設，そして視聴覚ライブラリの各都道府県への設置につながった。また，1956（昭和31）年に来日したエドガー・デール（本章1.2.2参照）による国際基督教大学や全国各地での講演等により，戦後の短い期間で，スライド，映画等の活用，そして直観や経験を重視する教育が注目される中で，視聴覚教育についての認識が高まっていった。

　以降，科学技術の進展を背景にしながら，放送，コンピュータ，ICTの教育活用が進むにつれて，教師だけでなく，学習者による情報メディア活用の重要性が認識されることになる。今日では，学ぶ方法として，また学びを拓く手段として，多様なメディアを組み合わせた活用がみられるようになり，教育・学習における情報メディア活用がいっそう追究されつつある。

2.2　教育における情報メディアの種類と変遷

　科学技術の進展に伴い普及してきた写真，映画，ラジオ，テレビ，コンピュータは，メディアに対する人びとの関わり方に影響を与えてきた。映像に係るものを例に考えると，映画は映画館に出向いて多人数で視聴し，テレビは自宅で放送されている時間帯に比較的少人数で視聴し，ビデオレコーダーが普及す

6：文部省社会教育局を介しての貸与であり，1951（昭和26）年には日本政府へ委譲され，各都道府県の所管となった。

ると見たい時間に見たい番組を視聴するようになった。また，コンピュータや
インターネットにより，情報を受け取るだけでなく，不特定多数に対しての表
現や発信ができるようになった。ここでは，教授・学習のありように影響を与
えてきた情報メディアの変遷について整理する。

　教室における情報メディアの利用で，特に科学技術を必要としないものとし
て，教科書，掛図，黒板・模造紙，ノート・画用紙があり，今日でも学習過程
の成立に役立っている。ただし，これらの利用においても，教育的効果を上げ
るためには，利用のタイミングやめざす学習活動への関連づけ等，教師の力量
は不可欠であり，新しい情報メディアを利用する際の留意点として引き継がれ
ている。以下に，科学技術の進展にともなう情報メディアの歩みについて解説
する。

　文章での伝達が難しい音の記録や再生は，エジソン（Edison, T.A., 1847-
1931）が発明した蓄音機に始まり（1877年），空気の振動波形が錫箔の巻かれ
た円筒に記録された。この後，記録媒体の形状を円盤にしたり，プレス方式で
複製できるようにしたり，塩化ビニールを材質にしたりする等の改良を経て，
30分程度の記録ができる LP レコード（1945年）をレコードプレーヤーで再生
するようになった。また，記録媒体として磁気テープを使用する，オープンテ
ープレコーダーやカセットテープレコーダーも音声や音楽の記録に利用された。
映像の再生については，ロールフイルムに記録された連続的な写真をレンズを
通して投影する映写機が利用され，映像に音をのせるトーキー（1927年）やカ
ラー方式（1932年）に続いた。近年では，小型軽量化が進み，デジタル処理に
対応したビデオカメラにより，個人でも映像を記録できるようになった。

　わかりやすい説明のために資料等を拡大提示する装置にも進展がみられた。
写真はポジフィルムを透過する光をスライド投影機で，TP（Transparency）
と呼ばれる透明なシートに描かれた文字・図表・絵は OHP（Overhead Pro-
jector）で，レンズを通して拡大投影した。OHC（Overhead Camera）や書画
カメラとも呼ばれる実物投影機では，CCD（Charge Coupled Device）等の撮
影素子の性能向上により，教科書の細かな文字はもちろん，植物等の微細な構
造や複雑な手元の動きまでも，さまざまな角度や拡大率で捉えることができ，

今日では多くの教室に整備されている。なお，実物投影機は投影機能をもたないものが多く，拡大提示のためにプロジェクターや大型モニターに接続する利用が一般的である。

　本章2.3で詳しく述べる放送も，教育に寄与してきた情報メディアである。1925（大正14）年から本放送が始まったラジオ放送では，広い範囲の地域に瞬時に情報を伝達でき，1932（昭和7）年には受信契約数が100万件を超えた。ラジオ受信機は，回路素子を真空管からトランジスタへ改良する等の技術革新を経て小型軽量化された。1950年代終盤頃から普及するようになったテレビは，番組を録画するビデオレコーダーと接続して利用されることが多くなり，近年はインターネットへの接続も標準的な仕様となった。画面サイズの大型化や映像の高質化により，高精度で臨場感のある映像を視聴できるようになった。

　電子技術や情報通信技術の進展により，急速に普及したのがコンピュータである（本章3参照）。今日のコンピュータは，文字，絵，写真，図，音声，映像のすべてを一元的に処理できるマルチメディア対応型であり，さらにネットワークに接続することで情報を収集・発信できる情報端末としての機能をもつようになった。利用者自身が情報に対して能動的に関わることで創造的な活動を展開できるコンピュータやネットワークは，自ら発見した課題を協働的に解決しようとする学習においても欠くことのできないツール，そして学習環境となった。

　コンピュータを活用した活動において，教育効果を大きく向上させたものが，プロジェクター，電子黒板，デジタル教科書，テレビ会議システム等である。プロジェクターはコンピュータや実物投影機からの出力信号を受信し，画像や映像を拡大投影する装置である。技術の進展により，投影される映像の解像度，明るさ，色再現性は大幅に改善され，教室の後方からも見やすく提示できるようになった。スクリーンの比較的近くに設置できる短焦点型プロジェクターは，説明者の影をスクリーンに映り込ませることが少なく，普及が進みつつある。

　電子黒板は，画面への直接的な操作により，書き込んだり，拡大・縮小したり，保存した画面を別の機会に再提示したりすることもできる。また，デジタル教科書では，文章の読み上げができたり，映像等のコンテンツを視聴できた

り，また学習者の思考を反映させる書き込みや並び替えなど，インタラクティブな利用ができるように工夫されている。

　インターネットに接続するテレビ会議システムは，新たな通信料を生じさせることなく，高精度で臨場感のある映像の双方向の送信・受信を可能にした。専用機を利用したテレビ会議以外にも，ブラウザを介したテレビ会議サービスもよく利用されるようになり，テレビ会議の利用は広く普及した。ビジネスの世界では，出張回数が減少したり，離れた事業所間での一体的な活動やテレワークが実現したりするなど，働き方に変化をもたらした。学校教育でも，他の学校とつなぐことで，地域の自然や文化について理解を深め合ったり，教師の

表 I-2　教室の情報メディア

情報メディア	シンボル・コードなど	関連品・記録媒体など
教科書	文字，絵，写真，図	特に必要なし
掛図		
黒板		チョーク
ノート・画用紙・模造紙		鉛筆・ペン，筆，糊
レコードプレーヤー	音声	レコード
映写機	映像・音声	フィルム
スライド投影機	静止画	スライド
OHP	静止画	TP
OHC	実物・静止画・動画	プロジェクター等により拡大投影
ラジオ	音声	放送番組
テレビ	映像・音声	放送番組
ラジオカセットレコーダー	音声	カセットテープ
ビデオレコーダー（カメラ）	映像・音声	ビデオテープ，ブルーレイディスク　ハードディスク
コンピュータ	文字，絵，写真，図，音声，映像	CD，DVD，ブルーレイディスク，USBメモリ，ハードディスク，ネットワーク

▲レコードプレーヤー
提供：パナソニックグループ

▲エジソンの蓄音機
提供：浜名湖オルゴールミュージアム

◀LP レコード

▲映写機

◀スライド
投影機

▲OHP

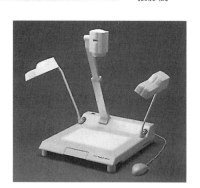

▲実物投影機

図Ⅰ-6(a)　情報メディアの歩み

◀トランジスタラジオ

▲真空管ラジオ

▲カセットテープレコーダー

◀オープンテープレコーダー

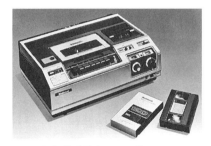

▲カラーテレビ　　▲ VHS 方式ビデオレコーダー

図Ⅰ-6(b)　情報メディアの歩み
写真提供：パナソニックグループ

専門性を補い合ったりするなど，教育の質を高める活用がみられるようになった。

2.3　学校放送

　教師自身が授業を構想・実践する教室に，外部から教育プログラムを提供したのが学校放送である。学校放送の特色は，放送事業に携わるプロの手による良質な音や映像，番組内容の構成，演出，そして教師役による進行にある。

　放送には，即時性，速報性，同時性といった特性があり，制作直後の番組を広い範囲に同時に届けることができる。学校に長期保管されている資料や児童生徒の手元にある教材とは異なり，最新の内容を取り入れた教育プログラムを，一斉に利用できるようにしたのが学校放送である。番組を提供するメディアは，ラジオ，テレビ，インターネットと多様化が進む中で，教室における教師の役割などさまざまな議論を経ながら，学校放送の利用は今日まで発展してきた。本節では，ラジオおよびテレビによる学校放送の歩みを中心に振り返る。

　ラジオ放送が開始されて1925(大正14)年から6年後となる1931(昭和6)年，東京中央放送局（現在のNHK東京放送局）は，学校向け放送を試験的に実施した。1933(昭和8)年になると，大阪中央放送局（現在のNHK大阪放送局）の第二放送により，図I-7中の，学校へのラジオ体操，幼児の時間，学校への音楽，小学生の時間，教師の時間のように，聴取者の属性や教育活動に合わせた番組が，計画的・継続的に提供されるようになった。ラジオ放送開始から10年後となる1935(昭和10)年には，全国向けの学校放送が始められた。戦時中は，放送時間が縮小されたり，疎開児童に向けた放送となったり，放送用真空管などの部品や放送機材の不足により中止された期間もあったりしたが，終戦後すぐに学校放送は再開された。

　大阪中央放送局では，学校放送を開始した翌年の1934(昭和9)年に，教育番組や教養番組について解説する放送用テキストとして，週刊誌『教育放送通信』（第6号より『教養講座通信』に改題）を発刊し，大阪中央放送局管内の小学校に配布した。授業の内容や進度に合わせて，番組を活用できるよう配慮する考え方は，今日でも引き継がれており，放送法第106条2では「放送の対

曜日＼時間	月	火	水	木	金	土	開始年月日	備考
ラジオ体操 7:50～8:00	学校へのラジオ体操（全学年）	同左	同左	同左	同左	同左	昭和8年9月1日	11月より翌年3月まで8.50～9.00
幼児の時間 10:20～10:30	幼児の時間 音楽・唱歌・連続童話	同左	同左	同左	同左	同左	昭和8年9月11日	尋1の児童に適する
昼間音間 0:05～0:40	学校への音楽（全学年）	同左	同左	同左	同左	同左	昭和8年9月11日	昼食時間中に音楽をたのしむもの
小学生の時間 2:00～2:30	課外講座（尋2）	同左（尋3）	同左（尋4）	同左（尋5）	同左（尋6）	同左（尋1・2）	昭和8年9月11日	
教師の時間 3:40～4:00	学校教育法講座 教育学 教育思潮 教育論	体手図音裁工画楽	操方方方 読書綴 方方方	理科 算術	修身 地理 歴史	名士の講演等	昭和8年11月6日	時には同一問題について一週間連続して諸家の意見をきくこともある

図I-7　大阪中央放送局による1933年の学校放送時間割
出典：西本三十二『教育の近代化と放送教育』日本放送出版協会，1966，p.22.

象とする者が明確で，内容がその者に有益適切であり，組織的かつ継続的であるようにするとともに，その放送の計画および内容をあらかじめ公衆が知ることができるようにしなければならない」としている。今日では，インターネット上に，放送の計画が公開されている。

　教育専門局によるテレビでの学校放送は，1959（昭和34）年，NHK東京教育テレビジョン放送局により開始された。民間の教育専門局としては，1959年から日本教育テレビ（現在のテレビ朝日）が，また1964（昭和39）年から東京12チャンネル（現在のテレビ東京）が，学校放送番組や通信制工業高校講座を提供したが，両局とも1973（昭和48）年に総合番組局に移行した。図I-8は1959年10月のNHK東京教育テレビジョン放送局の番組表であり，平日の午前から昼まで小学校や中学校を対象にした番組になっていることがわかる。午後7時以降は，英語会話，ドイツ語初級講座などの語学番組，農業講座などの社会教育番組，そして高等学校講座が放送されていた。以降，NHK教育テレビは，1977（昭和52）年の全放送のカラー化，1980年代の生涯学習への対応，1999（平成11）年の放送時間の21時間（朝5時から深夜2時まで）への拡大，2000（平成

時間	月	火	水	木	金	土	日
9:57	おしらせ						
10:20	(再)ぼくらの実験室(小学校高学年)	(再)たのしい教室(小学校中学年)	(再)テレビの旅(小学校高学年)	(再)かんさつノート(小学校中学年)	(再)くらしの歴史(小学校高学年)	(再)わたしたちのくらし(小学校中学年)	
10:25	フィラー						
	理科教室小学校5年生	理科教室小学校6年生	理科教室中学校1年生	理科教室中学校2年生	理科教室中学校3年生	理科教室高等学校	
10:55	フィラー						
	みんないっしょに(幼稚園)	大きくなる子(小学校低学年)	人形劇(幼稚園)	はてなはて(小学校低学年)	おててつないで(幼稚園)	かずとことば(小学校低学年)	
11:15	テレビ見学(小学校高学年)	(再)芸術の窓(中学校)	(再)保健と体育(中学校)	(再)科学ノート(中学校)	(再)世界と日本(中学校)	(再)英語教室(中学校)	
11:35	たのしい教室(小学校中学年)	テレビの旅(小学校高学年)	かんさつノート(小学校中学年)	くらしの歴史(小学校高学年)	わたしたちのくらし(小学校中学年)	ぼくらの実験室(小学校高学年)	
後0:57	テスト・パターン,レコード	テスト・パターン,レコード	テスト・パターン,レコード	テスト・パターン,レコード	テスト・パターン,レコード	テスト・パターン,レコード	おしらせ
1:20/1:30	芸術の窓(中学校)	保健と体育(中学校)	科学ノート(中学校)	世界と日本(中学校)	英語教室(中学校)	教師の時間	日曜見学　または NHK日曜大学
						母親から教師から	
2							
6:57	おしらせ						
7:30	音楽の窓	楽しい工作	人間のあゆみ	体育教室	君も考える	テレビ昆虫記	職業展望
	英語会話	英語会話	英語会話	英語会話	英語会話	今週のニュースから	日本の課題
8:30	動物の生態	化学の世界	今日の医学	写真の科学	科学の話題		
	生活の設計	くらしの科学	西洋の美術	こどもの心	日本の文学	世界と日本	
9:15	農業講座 -園芸-	工場管理講座	農業講座 -村のくらし-	商業講座 -栄える商店-	技能講座 -テレビ自動車学校-		芸術劇場(音楽,舞踊,演劇)
9:30	高等学校講座(初級)数学I-幾何-	高等学校講座(初級)数学I-代数-	高等学校講座(初級)数学I-幾何-	高等学校講座(初級)数学I-代数-	高等学校講座(初級)数学II	音楽夜話	
10:30	高等学校講座(上級)理科	高等学校講座(上級)数学III	高等学校講座(上級)英文法・作文	高等学校講座(上級)数学(演習)	高等学校講座(上級)英文解釈	絵画教室	原子力時代の物理学
10:57	ドイツ語初級講座	フランス語初級講座	ドイツ語初級講座	フランス語初級講座	フランス語初級講座	国語研究室	日本の頭脳
							マスコミ入門
	おしらせ						

※ 『NHK年鑑1960』『昭和34年度学校放送テキスト』をもとに作成
※ 空欄は放送なし
※ 火曜日1:00～1:20, 水曜日11:15～11:35『保健と体育』(中学校)は『職業と家庭』(中学校)と隔週で放送

図I-8　1959年10月 NHK 教育テレビ番組時刻表

出典：宇治橋祐之「教育テレビ60年　生涯学習への広がりとインターネット展開」『放送研究と調査』2019年1月号，p.3.

12)年の24時間放送への対応と，放送時間を広げながら番組内容を充実させてきた。

　学校放送の活用形態に大きな影響を与えてきたのが科学技術の普及である。番組を録音・録画できるテープレコーダーやビデオレコーダーの教室への整備により，放送される時間帯にしばられることなく，学習の進捗に合わせたタイミングで番組を活用できるようになり，学校放送の利用率は向上した。2000年代になると，学校へのインターネットの普及や放送のデジタル化が進み，放送に加えて通信による番組が提供されるようになった。2011(平成23)年から公開されているポータルサイト NHK for School では，一つの番組全体の視聴だけでなく，番組中の特定の部分を選んだ視聴が可能になった。多様な利用形態に柔軟に対応したプラットフォームとしての NHK for School は，教師や児童生徒が判断したり選択したりできる機能を追加するなど，学校放送番組への主体

的な参加を促すようになった。

3．ICT の進展と普及

　今日の教育における情報メディアのあり方に顕著な影響を与えたのが ICT
の進展である。本章では，教育において情報メディアを適切に活用するうえで
参考となる基礎的事項として，コンピュータの歴史，コンピュータ内でのデー
タ表現，マルチメディア，インターネット等について解説する。

3.1　コンピュータの草創と普及

　速く，正確に計算するために，機械仕掛けの歯車式加算機（1642年，Pascal,
B.），歯車型乗除算機（1694年，Leibniz, G.W.），解析機関（1833年，Babbage,
C.）などが開発され，国内でも手回し式の計算機が製造・販売された（図Ⅰ-
9）。今日，多様な目的で利用されるコンピュータも，もともとは計算機とし
て誕生したものであり，現在のコンピュータの考え方に近いものとしては，
3,000個以上のリレー（電磁式のスイッチ）や歯車を用いた MARK-Ⅰ（1944年，
Aiken, H.H.）や18,800本の真空管や1,500個のリレーを使用し重量30トンの
ENIAC[7]（1946年，Mauchly, J.W., Eckert, J.P.）（図Ⅰ-10），そして ENIAC

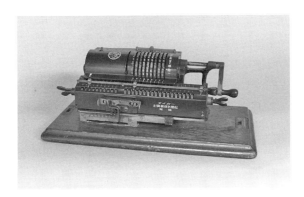

図Ⅰ-9　国産のタイガー手動式計算器（1931年）
提供：株式会社タイガー

図I-10　ENIAC
提供：BIPROGY 株式会社

をプログラム内蔵方式に改良したEDVAC[8]（1951年）やEDSAC[9]（1949年）
などがある。フォン・ノイマン[10]（Neumann, J.V.）のアイデアとされるプロ
グラム内蔵方式のコンピュータでは，ハードウェア（本章 3.2.1 参照）を変更
することなく，プログラムを変更するだけでコンピュータの働きを変えること
ができる。つまり，コンピュータ内部の配線等を変更することなく，動作させ
るプログラムの選択により，ワープロ，表計算，メール，ホームページ閲覧な
どの異なる作業を実施できる。プログラム内蔵方式は現在でもほとんどのコン
ピュータで利用されており，発案者の名前からノイマン型コンピュータと呼ば
れる。自動車や家電製品などの工業製品に搭載されているコンピュータも，そ
れぞれ異なるプログラムにより，目的に応じた動作を実現させている。

　今日，コンピュータの小型軽量化そして高性能化は著しい速さで進んでおり，
産業はもちろん，生活の隅々にまで浸透した。スマートフォンのように持ち歩
くもの，スマートウォッチのように身につけるものなど，情報端末の普及も著

7：Electronic Numerical Integer And Calculator（エニアック），弾道計算のために開発
8：Electronic Discrete Variable Automatic Computer（エドバック）
9：Electronic Delay Storage Automatic Computer（エドサック）
10：1903-1957，ハンガリー生まれの数学者

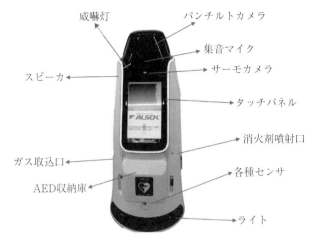

威嚇灯

パンチルトカメラ

集音マイク

サーモカメラ

スピーカ

タッチパネル

消火剤噴射口

ガス取込口

各種センサ

AED収納庫

ライト

図 I-11　警備ロボット「REBORG-Z」
提供：綜合警備保障株式会社

しい。また，人びとに違和感を覚えさせることなく，暮らしの中に溶け込み，仕事や生活を支援するコンピュータやロボットも普及しつつある。図 I-11 の警備ロボットでは，搭載されたセンサ，マイク，カメラから得た周辺の情報を手がかりに，ガス・火災・異常音の検知，顔の認証，施設案内等の複数の機能を果たし，警備員に代わる役割を担っている。

3.2　コンピュータの基本構成とデータ表現

3.2.1　コンピュータの基本構成

　コンピュータを構成するハードウェアとソフトウェアのうち，まずコンピュータの本体や周辺装置など機器を意味するハードウェアの構成について解説する。コンピュータで処理される情報の流れから考えると，「入力装置（キーボード，マウス，マイク，カメラなど）」から入力されるデータ（文字，数値，音，画像など）が，プログラムにより指定された手順に従い，「制御装置」「演算装置」そして「主記憶装置」の連携で処理される。処理結果は「出力装置（ディスプレイ，プリンタ，スピーカーなど）」に出力される。

　「制御装置」と「演算装置」の機能を合わせたものを CPU（Central Pro-

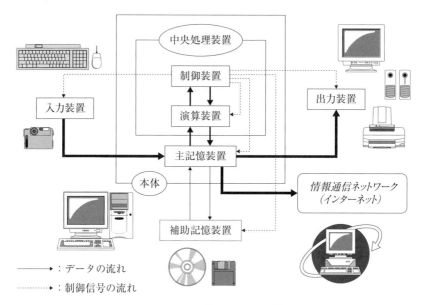

図I-12　コンピュータの基本構成

cessing Unit，中央処理装置）と呼び，「主記憶装置」に読み込まれたプログ
ラムを解読し，処理を実行する。「主記憶装置」は高速で読み書きでき，処理
を待つデータや動作に関する手順などを記憶し，また他の装置からの参照に応
じる。高速に読み書きできるメモリは高価なため，プログラムやデータの保存
には，HDD（Hard Disk Drive），SSD（Solid State Drive），USBメモリ，
CD-R/RW（Compact Disk Recordable/ReWritable），DVD（Digital Versa-
tile Disc），BD（Blu-ray Disc）などが「補助記憶装置」として利用される。
人間の情報処理で考えると，「主記憶装置」は脳での記憶，「補助記憶装置」は
ノートなどでの記録に相当する。以上のような機能に加えて，近年は，インタ
ーネットを利用する通信機能をもつようになり，ネットワークから得られたデ
ータを入力として受け取り，処理結果をそのままネットワークに出力すること
も多い。
　ハードウェアに対してコンピュータ上で動くプログラムや利用技術のことを
ソフトウェアという。プログラムとしては基本ソフトウェア（OS：Operating

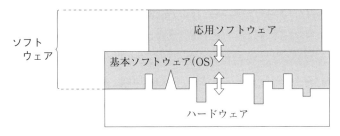

図 I -13　基本ソフトウェアと応用ソフトウェア

System）と応用ソフトウェア（アプリケーション・ソフトウェア）に分けられ，図 I -13に示す階層的な関係で動作する。基本ソフトウェアとしては，Windows，macOS，Unix がよく使われており，キーボードやマウスなどからの入力，画面やプリンタなどへの出力，情報の記録や読み出しなど，ハードウェアの動きに直接関係する基盤的な機能を整える。そのため，応用ソフトウェアではハードウェアの基本的動作を制御する必要なく，ワープロ，表計算，プレゼンテーション，データベース，画像処理など，ユーザーのニーズに配慮した応用的な機能を提供する。画面上のレイアウトやマウス操作などインターフェースについても基本ソフトウェアに依存するのが一般的であり，同一の基本ソフトウェア上で動く応用ソフトウェアであれば，同じような操作で利用できる。基本ソフトウェアの機能は拡張される傾向にあり，応用ソフトウェアにより提供されていた機能が基本ソフトウェアに実装されることも多い。

3.2.2　データ表現

　私たちが日常生活の中で接している情報のほとんどはアナログであるのに対して，コンピュータ内で取り扱える情報はデジタルだけである。文字，数字，絵，写真，動画をコンピュータで処理したり，結果を出力したりする過程で，アナログ・デジタル間の変換が頻繁に繰り返されることになる。コンピュータ内部ではトランジスタなどの回路素子をスイッチとして動作させることで，デジタル情報の記録・表現・処理を行っている。2値で表されるデジタル信号を，0と1で考える場合，数字列の1桁にスイッチ1個が対応し，0はスイッチが

OFF の状態に，1 はスイッチが ON の状態に対応する。1 個のスイッチで 1
ビット（bit：binary digit）と呼ばれる情報の最小単位を表すことができ，（0）
または（1）の 2 通りの情報を表現・記録できる。2 ビットでは（00）（01）
（10）（11）の 4 通り，3 ビットでは，（000）（001）（010）（011）（100）（101）
（110）（111）の 8 通りと，n ビットで 2^n 通りの情報を表現・記録できる。演
算，データの保存，伝送，出力等の処理で一度に多くのビット数を処理できる
ように技術は進んでいる。

　アナログをデジタルへ変換する際に注意すべきことがある。有限のビット数
では，すべてのアナログを正確にデジタルへ変換することはできず，ほとんど
の場合が近似処理されているのである。しかも，コンピュータ処理に利用でき
るビット数により，近似の程度にも差が生じる。つまり，すべてのアナログ情
報をビット数が制限されたデジタル情報として忠実に表現することはできな
い[11]。実際には，近似処理により大きな問題が生じないように工夫されているが，
小数部も含めて大きな桁の数を取り扱う場合は注意が必要である。アナログと
デジタルの違いは，情報社会を生きてゆくうえで注意すべきことを示唆する代
表的なものといえる。

3.3　インターネットの草創

　インターネットは，ソビエト連邦（当時）の人工衛星スプートニックの打ち
上げ（1957年）に刺激された米国の軍事的取り組みの一つである ARPAnet[12]
（1969年）が起源とされる。ARPAnet では，カリフォルニア大学ロサンゼル
ス校およびサンタバーバラ校，スタンフォード研究所，ユタ大学などの研究機
関をネット状に接続することで，一部の経路が破壊されても，他の経路による
接続を確保し，指揮系統の連絡網が決定的なダメージを受けないように考案さ
れた。ネットワークと他のネットワークを接続し，また経路選択およびデータ
の中継を担っているのがルータである。ARPAnet によるネットワークでは，
ネットワーク全体を制御する特別なコンピュータを必要とせず，各ルータによ

11：例えば，10進数の0.1を，デジタル情報として厳密に表現することはできない。

12：ARPA（アーパ）：Advanced Research Projects Agency，国防総省高等研究計画局

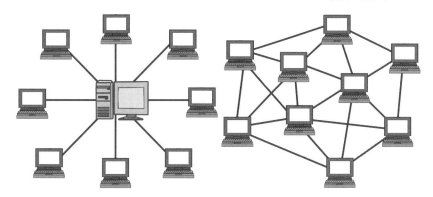

〈中央集中型ネットワーク〉　　　　　　　〈分散型ネットワーク〉
メインコンピュータが故障すると全体の　　一部のコンピュータが故障してもネット
ネットワーク機能がダメージを受ける　　　ワーク全体の機能は停止しない

図 I -14　コンピュータの接続

り近隣のネットワークへの接続が相互に制御されるため，一部のコンピュータ
が機能しなくてもネットワーク全体の通信が停止することのないように工夫さ
れた。現在のインターネットにおいても，図 I -15に示すように，混雑または
故障している経路を迂回して情報が伝送され，また世界中に分散しているネッ
トワークやコンピュータが互いに自律的に機能することでインターネット全体
の動きが保たれる堅牢なメカニズムが維持されている。1990年ごろまでのイン
ターネットの利用は主に大学による学術的利用がほとんどであったが，日本国
内では1990年代後半から一般に普及し始めた（図 I -17）。

　ネットワークに接続されたコンピュータは他の複数のコンピュータと通信し
合い，また互いに協調し合いながら処理を進めることができる。ネットワーク
内のコンピュータは，サービスを提供するサーバ（server）とそのサービスを
受けるクライアント（client）の2種類に大別される。通常，家庭や学校でメ
ールやホームページを利用する場合，そのコンピュータはメールやホームペー
ジの送受信サービスを受けるクライアントとなる。一方，サーバは，クライア
ントからの要求に対して即座にサービスを提供するものであり24時間連続して
運用されるのが一般的である。サービスの種類に応じて，それぞれのサーバが
稼働しており，インターネットでは表 I -3に示すような複数の種類のサーバ

に各々のサービスを分散させ，インターネット全体の機能が維持されている。
なお，パソコンのように組織内のネットワークやインターネットと接続を必要
とせず，ほとんどの運用が可能なものをスタンドアローン型と呼ぶことがある。

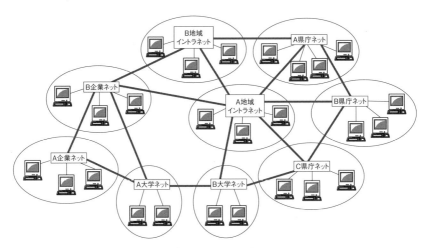

〈インターネット〉
ネットワーク同士が分散型に接続されているため，一部のネットワークの障害が全
体の機能を停止させることのない堅牢なシステム

図I-15　分散型ネットワークとしてのWWW

表I-3　インターネットにおけるサービスの種類とサーバ

サービスの種類	サーバ名
ドメイン名とIPアドレス[13]の変換	ネーム（DNS[14]）サーバ
メールの交換および配信	メールサーバ
ホームページの発信	WWW（Web）サーバ
音楽や動画の配信	Streamingサーバ

13：IPアドレス：インターネットで用いられる，コンピュータ1台1台に割り振られた識別
　　番号。IPv4では，8ビットずつ4つに区切られた32ビットの数値が使われている。
14：DNS（Domain Name System）：インターネットで接続先を指定する場合，ローマ字
　　で表記されたドメイン名などを使うが，コンピュータ間ではIPアドレスでのみ互いを識
　　別する。そこで，ドメイン名をIPアドレスに変換した情報を返すサービスが必要になる。
　　ネームサーバの指定は，IPアドレスを用いる。

3.4 ICT の暮らしへの浸透

3.4.1 多機能情報端末としてのコンピュータ

　コンピュータが多くの人びとに使われるようになるまでには，技術開発を反映した新しい仕様がみられる。GUI（graphical user interface）では，アイコンと呼ばれるシンボル（図）をクリックすることで，直観的にコンピュータを操作できるようになり，専門家でなくても比較的容易に利用できるようになった。また，文字，数字，絵，写真，動画などの種類や型の異なるデータを一元的に取り扱うマルチメディア対応となることで，日常的に接している情報をそのままコンピュータ上で見たり，編集したりできるようになった。また，携帯したり，身につけたりできるほど小型・軽量化され，さらにネットワーク接続が標準的な仕様となることで，あらゆる場所や機会で利用されるようになった。

　図 I-16 のように，現在では，文字や数値といったいわゆるデータ以外にも金銭や鍵といった生活上の概念までもコンピュータやネットワーク上で取り扱われるようになった。年齢層により利用状況に違いがあるものの，電子メール，

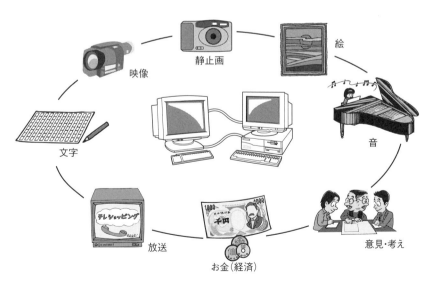

図 I-16　コンピュータやネットワークで取り扱われる情報の多様化

Webサイト，SNS（ソーシャルネットワーキングサービス），地図・道路情報サービス，天気予報・ニュースサイト，商品の購入や取引など，人びとの多様なニーズに応える多機能な情報端末として，コンピュータ利用は暮らしに浸透してきた。

3.4.2 インターネットの利用拡大とAI

　コミュニケーションや流通の時間的・地理的制約を大幅に軽減させ，グローバル化やボーダレス化といった，産業や生活への変革を加速させたのがインターネットである。農業の時代，商業・工業の時代を経た情報・知識の時代では，規格化された同じものを所有することに豊かさを感じるのではなく，新たな価値創造を求める社会となった。図I-17に示すとおり，インターネットの普及は，2000（平成12）年ごろから急速に進み，2010（平成22）年において利用者数は9,462万人，人口普及率は78.2％となった。2013（平成25）年以降になると，利用者数が1億人を超え，人口普及率は83％程度に漸増してきた。2017（平成29）年には，スマートフォンの世帯保有率（75.1％）がパソコン（72.5％）を上回るなど，利用される情報端末に多様化する傾向がみられた。

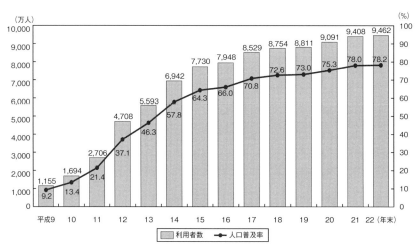

図I-17　インターネットの利用者数および人口普及率の推移
出典：「平成23年版情報通信白書」総務省，2011，p.186.

　今日，IoT（Internet of Things）と呼ばれるような，人の操作を経ることのない，物と物との間での通信も多くなり，インターネットを流通する情報量は飛躍的に増大した。また，2010年代に入ると，機械学習や深層学習と呼ばれる新しい技術の実用化が進み，コンピュータやロボットで対応できる作業の範囲が大きく拡大した。機械学習等では，インターネット等に蓄積された巨大で多様なデータを利用し，与えられた課題に対する正答率が高まるまでコンピュータ上での試行錯誤を繰り返すことで，生き物の適応や学習と似た働きを再現できるようになってきた。その結果，人の能力に頼らざるをえなかった柔軟で臨機応変な対応を必要とする課題の多くが，コンピュータにより実用的に解決できるようになったのである。このような，技術やその技術を応用したシステムを AI（artificial intelligence，人工知能）と呼ぶことがある。

　AI などの革新的な科学技術の進展は，社会のあり方，仕事の種類や働き方に影響を与えるものであり，2016（平成28）年1月22日に閣議決定された第5期科学技術基本計画（平成28〜32年度）では，狩猟社会，農耕社会，工業社会，情報社会に続く社会を Society5.0と呼び，科学技術イノベーションが先導する新たな社会の創出を見通している。Society5.0では，AI，IoT，ロボットなどにみられる技術革新を，あらゆる産業や社会生活に取り入れることにより，人口減少，労働力不足など，社会が直面している課題の解決をめざすとしている。文部科学省においても，Society5.0を見据えた人材育成に向けて，必要となる能力，社会を創造し先導するための人材像等の検討が進められるようになった。

　これまで機械に対して私たちが抱いていたイメージと異なり，高度で柔軟な振る舞いをする機器の日常生活への浸透が予想される中で，コンピュータの特性を理解し，コンピュータによる結果を的確に見極める能力や態度が求められる。「学習指導要領」（小学校は令和2年度から全面実施）で小学校，中学校，そして高等学校で共通して重要性が強調された情報活用能力の育成において，特に小学校段階ではプログラミングの体験を通して論理的思考力を高める学習活動が求められるようになった。急速に進展する科学技術に翻弄されることなく，科学技術の恩恵を享受しながら，これからの社会を主体的に生き抜くうえで，欠くことのできない時間として，プログラミング教育はわが国の学校教育

において重要視される。

　近年，推進が求められるようなった DX（Digital Transformation）は，デジタル化により，作業の一部を効率化させるにとどまることなく，より良い社会をめざした業務や組織の変革を意味する。書類や押印をデジタル化するだけでなく，顧客やユーザーの多様なニーズに対してより迅速に，より的確に応えることができるように，手続きの流れや人の配置を含む根本的かつ全体的な業務の見直しに最新の情報通信技術を組み込むのが DX と言える。今後，変化の著しい社会においてもステークホルダーから支持される優位性を保持するために，また収益性が高く働きやすい職場を実現するために，デジタル技術の積極的な活用が期待されている。最新の情報通信技術を実装した社会変革のためには，関係者全員のリテラシー向上に加えて，AI やデータ解析の専門家，そして組織のデジタル化をリードする CIO（Chief Information Officer）や CDO（Chief Data Officer）を担う人材の育成が喫緊の課題であり，高等専門学校や大学では，全学生に対する数理・データサイエンス・AI 教育，そして情報系の学部や大学院での高度情報専門人材の育成が強化されつつある。

II

情報メディアの認知と学習効果

　情報メディアとは情報を伝達・共有したりコミュニケーションを媒介したりする手段を指す。情報メディアには，書籍や新聞，雑誌，コミック，テレビ，ラジオ，映画，ビデオ，電話など，多様な種類の表現媒体が含まれる。書籍や新聞に代表される紙媒体の情報メディアは，文字情報と画像情報がその構成要素の中核を成している。テレビやラジオは映像と音声が主体の情報メディアであり，文字や画像に動きや音声が付加されることで，より複雑でダイナミックな情報が表現されている。最近ではインターネット上の Web サイトやブログ，SNS（ソーシャルネットワーキングサービス），配信動画等も情報メディアとしての確固とした地位を築いている。これらの新しい情報メディアは，文字や写真，音声，動画といったさまざまな情報が含まれる複合的な情報メディアであり，情報伝達の即時性と共有性がその特徴として挙げられる。

　これらの情報メディアに含まれる種々の情報を私たちがどのようにして知覚し認識しているかに関する体系的な知識は，学習教材としての情報メディアを作成したり効果的に活用したりするうえで役に立つ，多くの重要な気づきをもたらしてくれる。そこで本章では，知覚情報の受容や選択，記憶の認知メカニズムに関して概説する。ただし，上述の各情報メディアについて個別的に論じることは難しいため，ここでは情報メディアの中でも中心的な感覚モダリティである視覚情報を中心的に取り上げて論じることにしたい。次に，学習素材としての文章と画像の認知や学習効果に関してさらに踏み込んだ説明を加える。最後に，新しい情報メディアとしてのインターネットに着目し，インターネットの利用がこれからの学びのあり方にどのような影響を及ぼしうるかについて展望する。

1. 人間の認知のメカニズム

1.1 情報の受容

　認知心理学では，人間の認知のメカニズムを一種の情報処理系の振る舞いとみなす。以下では主として視覚情報を中心に，私たちが外界の情報をどのように受容し，理解していくかについて，その知覚・認知情報処理過程を概観する。

　外界の情報を最初に受け取る機構は，目や耳などのいわゆる感覚器官である。視覚情報を例にとると，外界の映像は眼球の水晶体を介して眼球内部の網膜の視細胞に入力される。視細胞は，明るさをコード化している桿体細胞と，色をコード化している錐体細胞に分けられる。このうち，桿体細胞（視細胞全体の95％）は網膜の周辺部に多く分布しており，錐体細胞（5％）は網膜の中心部に集中している。

　視野の周辺部に映る景色は桿体細胞によって処理されている。桿体細胞は明るさのわずかな変化を敏感に検出し，周囲が暗い状況でも視覚対象の動き等に対して反応することができるが，色の違いや形状等の詳細を捉えることはできない。視野の周辺部では視力が著しく低くなるのはこのためである。図Ⅱ-1では，視野の周辺部にいくほど文字が大きく書かれているが，これは，中心部と同じくらいはっきりと文字を見分けるためには視野の周辺部では図Ⅱ-1に示した比率程度に拡大して表示する必要があることを意味している。通常，眼球は1秒ごとに約3〜5回，離散的な移動を繰り返すことで，常に中央部で文字や映像を捉えることができることから，周辺部における視力の低下はさほど問題にはならない。しかし大きなスクリーン等に文字を表示する際には文字の大きさには常に留意し，最低でも18ポイント程度の文字サイズは確保すべきであろう。

　一方，視野の中心で対象を捉える際には錐体細胞がはたらき，視覚対象の色や形が処理される。錐体細胞には，反応する波長が異なる3種類のタイプがあり，長波長範囲（赤色に対応），中波長範囲（緑色），短波長範囲（青色）の光

に対してよく反応する錐体細胞はそれぞれL錐体，M錐体，S錐体と呼ばれる（L錐体，M錐体，S錐体がよく反応する色は，赤色，緑色，青色におおむね対応している）。各錐体が反応する波長の範囲は完全に独立しているわけではなく，特にM錐体とL錐体が反応する波長の範囲はかなり重複している。これら3種類の錐体の反応が大脳の視覚野に送られて，見ているものが赤色と緑色ではどちらの色味が強いかという計算と，青色と黄色ではどちらの色味が強いかという計算が施され，

図II-1　網膜の中心部と周辺部における視力の比較

そこに明るさの強度の計算が加わることで，最終的な色の見え方が決まる。ただし色の見え方は万人に共通ではなく，3種の錐体細胞の機能のいずれかに異常があると，特定の色の区別が困難になる場合がある。詳細は専門書に譲るが，赤と緑，ブラウンと緑，オレンジと黄緑などの区別が難しくなる場合が多い。教室での板書やスライドのデザインでは，すべての人に情報が正確に伝わるように配慮された色使い（カラーユニバーサルデザイン）を考慮することが重要である。

　私たちが知覚する世界には，さまざまな知覚対象が存在しているが，知覚系は一つひとつの対象を個別かつ独立的に知覚して処理しているのではない。周囲に存在する他の対象との関係性や，時には自らの記憶や経験にもとづく連想性を考慮して，統合的な解釈を導き出している。そこで知覚される世界は，視覚処理系の巧妙な振る舞いによって修正された知覚表象である。これにより，私たちの知覚は整合的で安定的かつ効率的なものになっている。例えばカメラで写した映像を見ると，被写体が実際の印象よりもやけに小さく写っているように感じたことはないだろうか。これは，視覚系のはたらきによって，視覚対象が実際の大きさよりもより大きく見えるように変換されたことによる。カメラの映像のほうが被写体の実際の大きさを忠実に反映しているのであり，ファインダー越しに見える映像（知覚像）が実際とは異なっているのである。なぜ

このような変換現象が生じるのであろうか。環境中の知覚情報は常に変化しており，一瞬として同じ状態が継続することはない。例えば太陽に雲が少しかかっただけでも室内の明るさは大きく変化するし，棚の上に飾られている写真立ての向きが少し変わっただけでも見かけの形状は大きく変化する。観察者と視覚対象の距離が少し変わるだけでも，網膜像の大きさは劇的に変化する。しかし私たちは，普段このような情報の変化にあまり惑わされることはない。このような知覚のはたらきは知覚の恒常性と呼ばれている。物体の明るさや大きさ，形状の変化に対して知覚の恒常性が作用することで，対象の急激な変化や自己の動きに伴う網膜像の大きさ，形状，明るさの変化にもかかわらず，私たちは比較的安定した恒常的な知覚世界を感じることができるのである。

　視野内に複数の視覚対象が存在する際，私たちはそこに何らかのまとまりを見いだそうとする傾向がある。例えば，近い距離に位置する要素どうし（近接の要因）や同じ形状の要素どうし（類同の要因）はまとまって見える（図Ⅱ-2）。閉じた輪郭線で囲まれた領域（閉合の要因）やなめらかにつながる要素（良い連続の要因）もまとまって見える。このように，知覚がより"まとまり"を感じるように方向づけられることを知覚の体制化といい，そこで作用する刺激配列上の諸要因のことを群化の要因という。群化の要因は，見やすいスライドデザインやわかりやすい説明図等をつくるうえで参考になる。

　知覚が周囲に存在する他の対象との関係性に影響を受けることはすでに述べたが，時には自らの記憶や経験にもとづく連想性も，知覚世界の解釈に影響を及ぼす。例えば，明るさの知覚は，周囲の領域の明るさとの関係において相対的に決定され，同じ明るさの灰色を見ていても，周囲が明るければより暗く，周囲が暗ければより明るく感じられる（図Ⅱ-3左）。また図Ⅱ-3右に示した単語のCATの'A'とHATの'H'は，物理的にはまったく同じ形状にもかかわらず，私たちはさして悩むことなく2つの単語を読み取ることができる。これは英単語の知識にもとづいて，周囲の文字が文脈情報として作用することで，知覚が調節されるためである。これと関連して，単語の一部として提示される文字は，一文字単独で提示される場合や非単語の文字列中に提示される場合に比べて認識率が高いことが知られている。これは単語優位性効果と呼ばれ

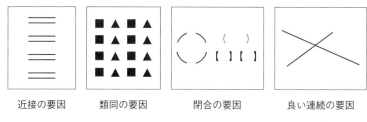

| 近接の要因 | 類同の要因 | 閉合の要因 | 良い連続の要因 |

図II-2　群化の要因

図II-3　文脈情報が明るさの知覚（左図）や文字の認知（右図）に及ぼす影響

ており，文字の知覚が文脈の影響を受けることを示す例の一つである。「おや
ずゆりのむってぼうでこもどのときからそんかばりしいてる」という文章がな
んとなく読めてしまうのも単語の知識が文脈としてはたらくためである。

1.2　情報の選択

"あの人は記憶が良い"や"記憶の達人"といった表現で使われる"記憶"
は，後述する長期記憶を指すことが多い。しかし私たちの記憶システムには，
長期記憶以外にもさまざまな記憶のはたらきが関与しており，記憶容量や保持
時間等の処理特性の違いから，感覚記憶，短期記憶，長期記憶の３つの記憶シ
ステムが区別されて研究されてきた。このうちの感覚記憶は，情報の保持や想
起よりも，情報の受容と選択の段階に密接に関与する記憶システムである。

感覚器官から入力された感覚情報は，ごく短時間の間，意味情報に符号化さ
れずに感覚情報のままの状態で一時的に貯蔵される。この段階は感覚記憶と呼
ばれている。視覚情報の感覚記憶はアイコニックメモリーと呼ばれており，目
に映る風景の内容が何であるかについての意味的な情報が含まれない純粋な画
像としての情報が，ほんのわずかな間だけ記憶される。例えば実験参加者に図

```
EGTX
JRUM
FLNC
```

図Ⅱ-4 感覚記憶を
測る実験の刺激例
(Sperling, 1960)

Ⅱ-4に示した画像をごく短時間（数十ミリ秒）提示し，その後，画像の内容を報告してもらうと，どんなに記憶力に自信がある人でも，3文字か4文字しか報告できない。しかし，特定の行を'→'や音の合図で指定してその行に書かれた文字だけを報告してもらうと，各行につき2～3文字程度報告できる[1]。実験参加者は画像が提示される前にはどの行を報告すべきか知らされていないため，実質的には6～9文字程度見えていたと考えられる。ただし，画像の提示から報告行の合図が提示されるまでの時間が1秒近くになると，報告できる文字数は各行につき1～2文字程度となり，シグナルが提示されない場合と同等の成績になってしまう。これは，画像提示から1秒後にはすでにアイコニックメモリー内の情報が消失しているためであると考えられる。

このように，アイコニックメモリーの容量はきわめて大きいが，その保持時間は短く，通常1秒以内で消失する。しかも，1秒以前でも，後から別の情報が入力されれば，それまでの感覚情報は消失してしまう。これをマスキングという。環境内ではさまざまな事象が絶え間なく生じているため，感覚記憶の内容は常に書き換わっていると考えられる。そのような感覚記憶内の情報の中から，私たちの認識や行動にとって重要なものが優先的に短期記憶システムに送られる。この際，情報の取捨選択の枠割を担う認知機能が"注意"である。注意によって選択されたわずかな情報が短期記憶（ワーキングメモリ）へと移され，残りはそのまま消失する。

注意のはたらきは，しばしば舞台のステージ上を動くスポットライトに例えられる[2]。注意のスポットライトの中に存在する情報は，スポットライトの外に位置する情報に比べて優先的な処理がなされると考えられている。注意のスポットライトは一度に最大4つ程度の位置や対象に向けることができるといわれ

1：Sperling, G. "The information available in brief visual presentations." *Psychological Monographs*, 74(11), 1960, 1-29.
2：Ｍ・Ｉ・ポスナー，Ｍ・Ｅ・レイクル著，養老孟司，加藤雅子，笠井清登訳『脳を観る：認知神経科学が明かす心の謎』日経サイエンス社，1997.

ている。注意のスポットライトは観察者の意図
や期待にもとづいて空間内を移動するが，環境
内で突発的な事象の変化等が生じた場合には，
観察者の意図によらず強制的に当該対象に向け
られることもある。また，注意のスポットライ
トの大きさは観察者の関心や集中度に応じてズ
ームレンズのように変えることができ，広範囲
をざっくりとサーチすることもあれば狭い範囲
をじっくり精査することもできると考えられて

図Ⅱ-5　凝視点を見つめたまま
で，上下２つの標的文字（情）
の視認性を比べてみてほしい

いる。ただし，注意のスポットライト内における文字や図形の認識の解像度は
それほど高くはなく，例えば図Ⅱ-5のような図では標的文字である "情" の
文字は，凝視点から等距離にある別の刺激文字と比べて著しく見えにくい。こ
れは標的文字が周囲の文字からうまく分離できないために生じる[3]。たくさんの
文字が詰め込まれたプレゼンテーション用のスライドをしばしば目にするが，
注意の機能という点からはこのようなスライドを用いるのは控えるべきであろ
う。

　注意が向けられていない情報は，たとえ視野内に存在していたとしても，そ
の存在や変化に気づかないことがある。この例を示す有名なデモンストレーシ
ョンの一つに，「見えないゴリラ（Invisible Gorilla）」という動画がある（ま
だ見たことがない人はここで文章を読むのを一度止めて，ぜひインターネット
の動画サイト等で実際に視聴してみてほしい）。この動画では，白いユニフォ
ームのチームと黒いユニフォームのチームが各チーム内でバスケットボールの
パス練習をしている場面が録画されており，観察者は白いユニフォームのチー
ムの選手が何回パスのやり取りをしたか数えるように求められる。パスの回数
を報告すること自体はそれほど難しくはないが，実はこの動画の目的は別のと
ころにある。観察者は「パスを数えている時，何かおかしな点に気づきました

3：Whitney, D., & Levi, D. M. "Visual crowding: A fundamental limit on conscious
　　perception and object recognition." *Trends in Cognitive Sciences*, 15(4), 2011,
　　160-168.

か？」という質問を受ける。驚くべきことに，この動画を初めて見た人の半数近くがその存在に気づかないが，白いユニフォームと黒いユニフォームの選手が入り乱れてパス交換をしている後ろを，ゴリラ（の着ぐるみを着た人）がゆっくり横切っていく様子が映されているのである。目を開けてさえいれば，観察者の網膜には，画面を横切る黒い物体がはっきりと投影されていたはずである。しかし観察者はもっぱら“白いユニフォーム”の動きに注意を向けていたために，この異質なゴリラの存在を認識できなかったのである。この体験からわかるように，私たちの目に何かが映ることと，そのものが見えることとは別ものと考えるべきであり，多様かつ複雑な情報が存在する環境中からある特定の対象を認識するには，情報選択メカニズムとしての注意のはたらきが重要になってくる。グラフや図表等で注意を向けてほしいポイントがある場合には矢印等を加えるなどして，観察者の注意を明示的にそこに惹き付けるような工夫があると望ましいといえよう（図II-6）。

　なお，注意は視覚情報に対してのみ作用するわけではない。例えば騒がしい状況下でも，集中すると特定の人の話が聞こえるようになる。これはカクテルパーティー効果として知られており，聴覚情報に対して選択的注意が作用することで特定の聴覚情報に対する知覚感度や処理効率が向上することでこのような現象が生じると考えられる。

　注意によって短期記憶に送られた情報は，一定の時間そこに保持され，発話や思考，行動等の高次の認知活動の遂行に利用される。短期記憶内に一度に保持できる項目数は約7つ程度とされている。例えば「JOCPKOWHOECUNGNPDNA」の文字列はそのままでは19文字となり短期記憶容量を大きく超える情報量であるが，「JOC／PKO／WHO／EC／UN／GNP／DNA」と区切ると計7つのまとまりとなり，記憶容量の範囲内に収まる。このように，短期記憶の容量は，文字数等の物理的な単位で規定されるのではなく，いくつのまとまり（チャンク）を覚えられるかといった観点で

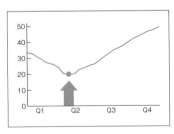

図II-6　観察者の注意を明示的に
　　　　惹き付ける工夫

扱われる。興味深いことに，短期記憶の容量は，例えば単語や人の顔，メロディなど記憶材料の種類によらず比較的安定している。短期記憶の容量は発達とともに10代前半にかけて向上し，約7チャンクとされる標準的な短期記憶容量に到達するが，容量自体には個人差が顕著にみられる。世界の七不思議や七福神，春の七草等，世の中には7つのセットで表現される事象が多いが，これも短期記憶の容量制限を反映しているのかもしれない。板書等で箇条書きをする際に取り上げる内容は多くても7つ程度に抑えておくべきであろう。

　短期記憶の情報は，記銘すべき情報を声に出すか，もしくは心の中で復唱することで，短期記憶内に維持される。これを維持リハーサルという。維持リハーサルは日常誰もがよく使っている記憶の方法であるが，記憶すべき情報を復唱するだけでは一時的な記憶の保持には有効であっても，長期的な記憶の定着という点ではあまり効果がないことがわかっている。維持リハーサルに対して，短期記憶内の情報に新たな情報を付加したり加工したりする記憶保持の方式は精緻化リハーサルと呼ばれる。精緻化リハーサルにより記憶すべき情報が精緻なコードに変換されることで，長期記憶への転送と定着が促される。この点をより詳しくみておこう。短期記憶内の情報は，いくつかの異なる形式で表現可能である。例えば“学習”という言葉を覚える際，文字の視覚的な特徴に着目して覚える場合を視覚的（形態的）なコード化と呼ぶことにする（この場合，「学習」と「がくしゅう」は区別される）。同じく‘ガ’‘ク’‘シ’‘ュ’‘ウ’という音素のつながりとして覚える場合を，音韻的なコード化と呼ぶ。また，“特定の経験や練習に伴う持続的な行動の変容”と読み替えて覚える場合を，意味的なコード化と呼ぶことにする。ここで，“処理の水準”という考え方を導入すると，視覚的，音韻的，意味的の順に処理の水準が深くなると考えることができる。そして，意味的コード化のような深い水準の処理を受けた記憶項目は，形態的コード化などの浅い水準の処理を受けた記憶項目に比べて記憶痕跡が強固になり，忘却も生じにくいことが知られている。例えば“りんご”を覚える際，「この単語はひらがなですか漢字ですか？」という質問とセットで提示される場合と，「この単語は果物ですか野菜ですか？」という質問とセットで提示される場合を比べた場合，後から“りんご”をよく思い出せるのは後

者の条件となる。

　意味的コード化とは覚えるべき項目にさまざまな意味情報を付加することであり，そこで生じているリハーサルは精緻化リハーサルに相当する。精緻化リハーサルを行ううえでのこのようなさまざまな工夫は，いわゆる"記憶術"と呼ばれるものであり，例えば以下のような方法が長期記憶への定着に効果的であるといわれている。

- 歴史の年号を語呂合わせで覚えるなど，聞き慣れた自然言語と結びつける
- 絵画的イメージと結びつける
- 覚えるべき単語をつなげてストーリーをつくるなど，まとまりのない情報をある枠組みによって組織化する
- 覚えるべき単語や数式が答えとなるような問題を学習者が自ら作成する

　これらの方法を包括的に組み込んだ実践的な記憶術の一つに，マインドマップやメモリーツリーと呼ばれる描画技法がある（図Ⅱ-7）。マインドマップでは記憶すべき中心的な情報や概念を中央に描き，それに関連する事項を枝葉のように中央から周囲に拡張して描いていく[4]。枝葉の太さや描画位置に意味をもたせたり，文字だけでなくイラスト（イメージ）も利用したりすることでより高い記憶効果が得られる。また記憶のみならずアイディアの発想支援法としても有効であるとされている。

　従来，短期記憶は知覚情報の一時的な貯蔵機能としてみなされてきたが，最近では短期記憶を，記憶情報に認知的な操作を加えたり変換，加工したりするための処理機能として捉える考え方が主流となっている。このため，近年では短期記憶という用語よりもワーキングメモリという用語が用いられることが多い。ワーキングメモリの代表的なモデルでは，ワーキングメモリの構成要素として以下の4つのシステムが想定されている（図Ⅱ-8）[5]。すなわち，音声による言語的リハーサル行う音韻ループ，視空間情報の処理や心的イメージ操作を

4：トニー・ブザン，バリー・ブザン著，神田昌典訳『ザ・マインドマップ：脳の力を強化する思考技術』ダイヤモンド社，2005.

5：Baddeley, A. D. "The episodic buffer: a new component of working memory?" *Trends in Cognitive Sciences*, 4(11), 2000, 417-423.

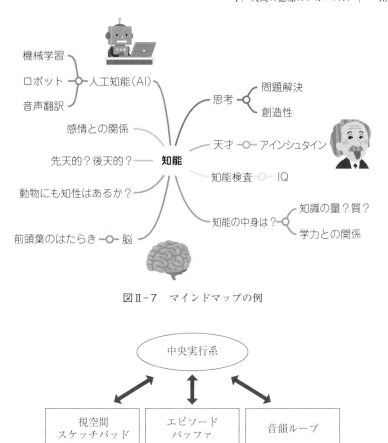

図Ⅱ-7　マインドマップの例

図Ⅱ-8　ワーキングメモリのモデル（Baddeley, 2000）

行う視空間スケッチパッド，音韻ループと視空間スケッチパッドの情報統合や長期記憶との間での調整機能を担うエピソード・バッファ，およびこれらのサブシステムを制御する中央実行系である。なお，中央実行系は記憶システムの一部というよりも，課題を達成するために注意のスポットライトの分割や注意資源の割当を担う高次の精神機能として捉えられている。

　ワーキングメモリにおけるサブシステムは，互いに独立して機能すると考えられている。同じタイプの処理を要求する課題どうしは，同じサブシステムを

作動させるので競合が生じ，強く干渉しあう。ワーキングメモリの容量には大きな個人差があるといわれており，各サブシステムに対応した記憶容量を測るテストや検査が考案されている。その中でもよく知られたテストの一つに，音韻ループの容量を測るリーディングスパンテストがある。このテストでは，実験参加者は短文を次々と音読しながら，各文中のターゲット語を覚えておくことが求められる。音読という処理を行いながらどれだけ多くのターゲット語を記憶内に保持できるかが，その人の音韻ループの記憶容量を反映する指標となる。平均して約3〜3.5語であるが，1〜5語までと大きな個人差がみられ，このようにして測定されたリーディングスパンは，文章読解等の言語理解能力と高い相関を示す。

1.3　情報の記憶

　「ピアノ，クッキー，白衣，テーブル，とんぼ，弁護士，ベッド，インターネット，手術，クリーム，甘い，救急車，紅茶，アイス，注射針，ヨーグルト，看護師，鉛筆，椅子，薬，消しゴム，メス，キャンディー，まくら，レントゲン，綿あめ，チョコレート」

　本節では情報の記憶のメカニズムについて概説する。本節の内容に関心をもっていただくための一助として，まず，読者の皆様には記憶の実験にお付き合いいただきたい。課題は，冒頭の単語を記憶するというものである。記憶の実験では，通常，記憶直後よりもしばらく時間が経過した時点で，記憶の再生（recall）や再認（recognition）を課す場合が多い。ここで，再生とは記銘した内容をそのまま再現したり再構築したりすることであり，再認とは記銘した内容と現在知覚している情報が同じか否かを判断することである。読者の皆様にも後ほど単語の再生をお願いすることになる。上で提示した単語の数は上述の短期記憶容量（7チャンク）をはるかに上回るためとても一度に覚えることはできないが，これまた上述の記憶術を駆使して，なるべく多くの単語を正確に覚えるように努力していただけるとありがたい。

　さて本題に戻るが，短期記憶（もしくはワーキングメモリ）の情報の中で，精緻化リハーサルによってコード化された情報は優先的に長期記憶へと移行さ

れ，長期間にわたり記憶に保持されることになる。長期記憶は，手続き記憶と宣言的記憶（または命題記憶）の2つに大別される。

　手続き記憶とは，ピアノの弾き方やタイピングなどの行為や動作をいかに実行するかに関する知識や認知操作それ自体の記憶である。「昔取った杵柄」という諺にあるように，過去に獲得した経験や知識が時を隔てた現在の行動に影響を与えることは経験的にも了解でき，そこにはある種の記憶システムの関与がうかがわれる。しかしそれを言葉で表すことは難しい。なぜなら，手続き記憶がはたらく際には検索意識は生じないため，思い出しているという感覚が伴わないからである。それでいて体のほうは自然に動いて，適切な動作が導かれる。健忘症患者の中には，新たな記憶が保持できないにもかかわらず，動作や手続き的な行為の順序等は習得できることがある。このことから，手続き記憶がその動作原理や脳の神経基盤の側面において，エピソード記憶や意味記憶とは異なる性質をもった記憶システムであることが示唆される。車の運転やテニスのプレーにおける技能の差は，そこで作用する手続き記憶の違いが反映したものであるといえる。熟達者は，動作から動作への移行がなめらかであり，自らの動作の過程を意識的に自覚したりモニターしたりしない。その結果，動作遂行上の認知負荷は少なく，心的資源に余裕が生まれるために，より適応的な動作の遂行が可能となる。

　記憶の内容を言葉で表すことが難しい手続き記憶に対して，宣言的記憶とは，例えば"○○に関する記憶"というように，言葉によって記述できる事実についての記憶を指す。宣言的記憶には，エピソード記憶と意味記憶の異なる記憶の様態が含まれる。

　エピソード記憶は，個人が過去において体験した具体的な出来事に関する記憶である。例えば「あなたは1週間前の20時にどこで何をしていましたか」という質問に対する回答を考える際にはエピソード記憶が想起されることになる。エピソード記憶の容量は短期記憶と比べて膨大であり保持時間もはるかに長い。高校の卒業アルバムを利用して，クラスメートの顔と名前がどのくらい長く記憶されているかに関して調べた研究がある[6]。それによると，クラスメートの名前の再認は卒業から14年後までほとんど低下せず，クラスメートの顔写真の

再認成績は卒業から47年後でも約70%であったという。このようにエピソード記憶の保持時間はきわめて長いものの，想起される出来事の内容が常に正確というわけではなく，記憶内容が再構成され，間違った内容を正しい事実として想起してしまうことがしばしば見受けられる。ロフタス（Loftus, E.F.）とパーマー（Palmer, J.C.）の研究では，実験参加者に自動車事故の場面を写した動画を見せた後，以下のような質問を行った[7]。この時，ある参加者には「車が接触したときどれくらいのスピードで走っていたか？」と尋ねたのに対して，別の参加者には「車が激突したときどれくらいのスピードで走っていたか？」と尋ねた。その結果，"衝突したとき"と尋ねられた参加者は"接触したとき"と尋ねられた参加者よりも速度を速く見積もった。参加者は同じ動画を見ていたにもかかわらず，質問の際のわずかな言葉遣いの違いが車の速度の見積もりに影響を及ぼしたのである。この結果は，後から加えられた情報によってエピソード記憶の内容が容易に歪みやすいことを示唆している。その後多くの関連研究が行われ，目撃者の証言は往々にして不正確であり，その正確性は目撃者の確信度ともあまり関連しないことが明らかにされている。添えられるメッセージの表現如何で動画の解釈内容が異なるという事実は，情報メディアにおける情報表現の重要性や脆弱性を考えるうえで示唆に富むといえる。

　場合によっては，架空の出来事を実際に体験したエピソードとして想起してしまうことすらある。ロフタスとピクレル（Pickrell, J.E.）は，成人を対象に，幼少期のエピソードを再認させる実験を行った[8]。実際のエピソード3つ（これらは事前の調査で確認している）に加えて，いかにも実際に起こりそうな偽のエピソード（例えば，デパートで5歳の時に迷子になり，老婦人に助けられて

6：Bahrick, H. P., Bahrick, P. O., & Wittlinger, R. P. "Fifty years of memories for names and faces: A cross-sectional approach." *Journal of Experimental Psychology: General*, 104(1), 1975, 54-75.

7：Loftus, E. F., & Palmer, J. C. "Reconstruction of auto-mobile destruction: An example of the interaction between language and memory." *Journal of Verbal Learning and Verbal Behavior*, 13(5), 1974, 585-589.

8：Loftus, E. F., & Pickrell, J. E. "The formation of false memories." *Psychiatric Annals*, 25(12), 1995, 720-725.

家族と再会できたなど）が用意された。その結果，24名中7名（29％）が偽の
エピソード（の一部）を思い出したと報告し，うち6名は2回目の調査でもそ
の主張を変えなかったという。実際には経験していない出来事を過去に体験し
たものとして誤って思い出してしまう現象は虚記憶（false memory）と呼ば
れており，虚記憶の中でも実際に体験していない出来事を誤って再認してしま
うことを虚再認（false recognition）という。虚再認は比較的簡単に実験で再
現できる[9]。ここで一つ思い出してほしい。本節冒頭で覚えてもらった単語リス
トの中に「医者」と「砂糖」という言葉は含まれていただろうか。もしそれら
の言葉を覚えていると感じたとすれば，それは虚再認である。リストに提示さ
れていた単語がどれも意味的に「医者」や「砂糖」と関連が強かったため，こ
れらの単語がリストに含まれていたと思い込んでしまったことが原因である。
私たちが想像する以上に，実際の出来事の記憶と事後的に付加された情報とを
明確に分けることは難しいといえる。最後に，ロフタスが語った印象深い言葉
を引用しておく[10]。

記憶は図書館の本ではなく，水に溶けたミルクのようなものである（一
旦混ざってしまえば後から分離するのは難しい）。

次に，宣言的記憶のもう一つの下位分類である意味記憶についてみてみよう。
意味記憶は，誰もが共通して有している抽象的で超時間的な現実世界に関する
知識や，言葉の定義にかかわる記憶である。さまざまな概念や概念間の関係，
概念とその属性の関係を特徴づけることに関係する記憶であり，換言すれば，
体制化された知識の記憶である。意味記憶の情報は，学習された時や場所には

---

9 : Roediger, H. L., & McDermott, K. B. "Creating false memories: Remembering words not presented in lists." *Journal of Experimental Psychology: Learning, Memory and Cognition*, 21(4), 1995, 803-814.

10 : Loftus, E., & Ketcham, K. *The myth of repressed memory: False memories and allegations of sexual abuse.* New York: St. Martin's Press, 1994. (E. F. ロフタス，K. ケッチャム著，仲真紀子訳『抑圧された記憶の神話：偽りの性的虐待の記憶をめぐって』誠信書房，2000.)

あまり依存せず，概念的に体制化された単位で記憶されている。意味記憶への
アクセスは自動的であり，干渉も受けにくい。検索の際には“覚えている”で
はなく，“知っている”という表現が用いられることが多い。

　意味記憶は記憶システム内にどのようなかたちで表現されているのであろう
か。意味記憶の神経基盤についてはまだよくわかっていない部分が多いが，意
味記憶の振る舞いを行動レベルで説明する作業仮説である活性化拡散モデル[11]
を紹介しよう。このモデルでは，意味記憶内に格納されている各概念がそれぞ
れ1つの結節点（ノード）で表され，意味的に関連のある概念ノードどうしが
つながってネットワーク構造をなしていると考えられている（図Ⅱ-9）。具体
的には，概念間のリンクはその2つの概念間の意味的関連性が強いほど密接な
ものになっており，記憶システム内で互いに近い位置に存在している（例えば，
“ネコ”と“イヌ”の概念の距離は近く，“ネコ”と“ペンギン”の距離は遠
い）。また概念ノードはその概念がもつ属性情報ともリンクしている（例えば，
“ネコ”と“引っ掻く”）。ある概念が活性化された時には，その概念に結びつ
いた意味的に関連のある概念にも活性化が広がっていく（活性化の拡散）と仮

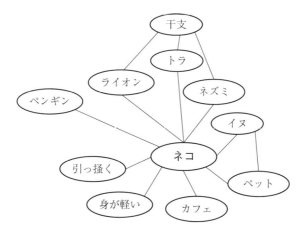

図Ⅱ-9　活性化拡散モデルの概念図

11：Collins, A. M. & Loftus, E. F. "A spreading activation theory of semantic pro-
cessing." *Psychological Review*, 82(6), 1975, 407-428.

定されている。

　活性化拡散モデルの妥当性は，意味的プライミングと呼ばれる現象を扱った実験から支持されている。意味的プライミングとは，先行刺激の処理が意味的に関連のある後続刺激の処理を促進する現象を指す。例えば実験参加者に，コンピュータの画面上に次々に提示される単語が正しい単語か非単語かをなるべく速く判断してもらう実験を行うとしよう。ここで「仕事」という単語に対して"正しい単語である"と回答する場合を考えると，「仕事」の一つ前の試行で「職業」という単語が提示されていた場合と，「花束」という単語が提示されていた場合を比べると前者のほうが，同じ「仕事」という単語に対する反応にもかかわらず反応が速くなる。これは，「職業」という単語を事前に目にすることで，それに意味的に関連する他の概念も活性化しており，記憶から取り出しやすくなっているためであると考えられる。興味深いことに，意味的プライミングが生じている際の脳活動は通常時と比べて相対的に低下することが明らかにされている。これは，先行刺激が処理されることで特定の情報どうしの結びつきが強まり，意味記憶に関する神経ネットワークがよりまばらでユニークな状態になるために処理が効率的になされた結果であると考えられ，反応時間が速くなるという行動学的な結果とも整合する。

「ま□□」　左の□に文字を挿入して単語を作成せよ

　ここで唐突ではあるが，上のクイズに回答してみてほしい。これには唯一の正解はないので，心に浮かんだ言葉をそのまま回答することが望ましい。

　さてプライミング現象に話を戻すと，先行刺激と後続の刺激としてまったく同一の刺激を用いた場合に観察されるプライミング現象は直接プライミングや反復プライミングと呼ばれる。この場合，比較的長い間隔をおいて後続刺激が提示された場合でも，ターゲットの処理が促進される。直接プライミングの典型的な実験では，先行刺激として単語を提示した後，一定時間経過後，単語完成課題や知覚同定課題（例えば，単語などをごく短時間提示してそれが何かを答えてもらう課題）と呼ばれる課題が参加者に課される。ここでは単語完成課題を例にとって説明しよう。この課題では，例えば「□ん□ん」を実験参加者

に提示して，□に適切な文字を穴埋めして単語を完成するように教示する。この際，先行刺激としてその単語を以前に見たかどうかは一切問わない。したがって，実験参加者は過去の記憶を思い出すという想起意識をもたずにこの課題を遂行することになる（仮に実験参加者が当該の単語を過去に見た情報であると気づいた場合には，分析から除外する）。それにもかかわらず，先行刺激として一度見た単語は，それ以外の単語に比べて正答率が高くなる。これは潜在記憶の作用によると考えられている。先程の穴埋め問題に「まくら」と回答した読者がいれば，そこには潜在記憶のはたらきが関与していたのかもしれない。なぜならこの言葉は先述の単語リストに含まれていた単語の一つだからである（ただし穴埋めの言葉を考える際に，先のリストに含まれていた単語であると気づいた人はその限りではない）。過去のさまざまな記憶体験の蓄積が潜在記憶となって知らず知らずのうちに，私たちの日常の判断や行動に少なからず影響しているといえよう。潜在記憶は，さまざまな点で，エピソード記憶や顕在的な意味記憶とは異なる特徴をもつ。例えば潜在記憶は保持時間の影響を受けにくく，長い時には6カ月以上前に目にした単語の単語完成課題成績に直接プライミングの効果が観察されることが報告されている。また，潜在記憶の作用は発達段階を通してさほど大きく変化せず，子どもや高齢の実験参加者でもその効果は成人とあまり変わらない（顕在記憶は加齢の影響を大きく受け，一般に加齢とともに記憶成績は低下する）。

2．学習素材としての文章と画像の認知

　これまで人間の認知のメカニズムについて概観してきたが，本書のテーマである情報メディアと教育の観点からこの問題を考えるうえでは，子どもたちにとってもっとも基本的かつ重要な情報メディアである教科書や参考書等の学習教材に含まれる情報を子どもたちがどのように認知しているかといった問題を考えることが重要になる。教科書に含まれる情報には，文字情報としての文章のみならず，文章内容を補足するイラストや挿絵といった画像情報が含まれる。そこで以下では，文章と画像の認知について述べることにする。

2.1 文章の認知

　文章の認知は，心理学の分野では文章理解ないしは読解の問題として議論されてきた。

　ヴァン・デューク（van Dijk, T.A.）とキンチュ（Kintsch, W.）によると，読解の最初のステップは文章で用いられている単語や語句を認識し理解する段階であり，表層構造（surface structure）の処理と呼ばれている[12]。次に，表層構造の処理結果にもとづいて一つの文を理解し，さらに複数の文の意味関係を処理して文章内容を認識する段階が続く。これはテキストベース（textbase）の処理と呼ばれる。テキストベースの処理結果に，テキストには明示されていないが読み手のもっている既有知識や経験から導かれる背景情報が統合されることで，状況モデル（situation model）が構築される。状況モデルとは，文章の字義的な命題構造に，読み手の推論過程や既有知識に由来する情報が統合された心的表象であり，高次のメンタルモデルであるともいえる。表層構造ならびにテキストベースの処理では，文章内容をいかに正確に認識するかが重要であることから，これらは「テキストの学習」とみなせる。一方，状況モデルの構築は，文章内容の字義的な理解を超えて，文章内容を自らの知識や経験と統合させることでそれ自体が読み手の新たな知識の一部となり，そこから新しい情報や知識を獲得することにもつながる。この意味において，状況モデルの処理は「テキストからの学習」と呼ばれており，豊かな状況モデルの構築が読解の到達目標とされている[13]。

　文章の理解を規定する要因にはさまざまなものが考えられ，文字の大きさやフォント，ページレイアウト等の物理的要因や，読み手の読み速度や語彙力，既有知識，といった認知的要因が読みの効率や精度に影響を及ぼすことが知られている。なかでもワーキングメモリは文章理解能力と強い関連を示すことが

12：van Dijk, T. A., & Kintsch, W. *Strategies of discourse comprehension.* New York: Academic Press, 1983.

13：Kintsch, W. "Text comprehension, memory, and learning." *American Psychologist,* 49(4), 1994, 294-303.

知られており，ワーキングメモリ容量が大きい読み手ほど，文章理解，とくにテキストベースの処理能力が高いことが報告されている。また，文章を読むときに自分がどのような読み方をしているのかといった読み方略や，それをどの程度自覚的に認識し操作できているかといったメタ認知能力も，読解成績に影響を及ぼすことが知られている。

　従来，読解の学習場面で用いられる学習教材は小説や説明等の文章が主なものであったが，近年では，図表や動画，さらには地図やダイアグラム，さらには広告や証明書の類も読解学習の対象として用いられつつある。OECD が実施した2009年の国際学力調査（Programme for International Student Assessment：PISA）の読解力調査では，文と段落から構成される文章は連続型テキスト，データを視覚的に表現した図表やグラフ，技術的な説明イラストなどの非連続型テキスト，連続型テキストと非連続型テキストを組み合わせた混成型テキスト，そして，Web サイトの情報のような独立したテキストを組み合わせた複合型テキストの4つの種類のテキストが用いられている。

　文部科学省がまとめた報告によると，2009(平成21)年度の日本の児童の読解力は2003(平成15)年以降上昇傾向にあるものの，混成型テキストの読解力に関しては低下しているという[14]。文部科学省は2015(平成27)年に，これらの動向をふまえて「視覚的な情報と言葉との結びつきが希薄になり，知覚した情報の意味を吟味して読み解くこと」が本邦児童の課題であるとする見解を発表している[15]。岸は，日本の国語教育では非連続型テキストを含む文章の学習に焦点が当てられることは少なく，児童生徒がどのように非連続型テキストを理解しているのかに関する基礎的な知見が不足しており，非連続型テキストの読解指導をするにあたりその学術的な裏づけが乏しい点を指摘している[16]。この指摘

14：文部科学省 国立教育政策研究所「OECD 生徒の学習到達度調査：PISA2009年調査分析資料集」2009, http://www.mext.go.jp/component/a_menu/education/detail/__icsFiles/afieldfile/2010/12/07/1284443_03_1.pdf（参照2022-02-22）.

15：文部科学省「読解力の向上に向けた対応策について」2015, http://www.nier.go.jp/kokusai/pisa/pdf/2015/05_counter.pdf（参照2022-02-22）.

16：岸学「説明文・マニュアルの理解と表現」日本認知心理学会監修，楠見孝編『思考と言語』（現代の認知心理学3）北大路書房，2010, pp.217-241.

図Ⅱ-10　多様な情報を含む教科書ページレイアウトの例
出典：『新編情報Ⅰ』東京書籍，2022，p.64-65.

は，連続型テキストと非連続型テキストを組み合わせた混成型テキストの読解
についても同様にあてはまるであろう。

　混成型テキストの例は日常の多くの場面で見つけることができる。例えば雑
誌や新聞記事には，本文の横にキャプションが付加されたカラーのイラストや
写真が添えられているケースをよく目にする。最近の社会や理科の教科書にも，
メインの文章に加えてコラムや図表，イラストがひとまとまりとなったページ
レイアウトを見つけることができるし（図Ⅱ-10），子どもたちがいずれ大学や
ビジネスの現場で読むことになる論文や報告書，さらにはWebサイトの記事
などには，文字だけでなく図表やイラスト，写真，ダイアグラム等が多く含ま
れている。このような混成型テキストがどのようにして読まれるのか，またそ
れは読み手の読解力や背景知識の有無によって影響を受けるのであろうか。こ
れらの問題に関する実証的検討は，近年その数を増やしつつあるものの[17]，未
解明な点が多く残されており，さらなる研究知見の蓄積が待たれるところであ

17：例えば，Mason L., Pluchino P., Tornatora M. C., & Ariasi N. "An eye-tracking
　　study of learning from science text with concrete and abstract illustrations."
　　Journal of Experimental Education, 81(3), 2013, 356-384.

る。タブレットやスマートフォンによる読書が身近なものとなり，電子教科書の普及を間近に見据えた現在，読書素材としての情報メディアに含まれる情報の形式や内容は，文字情報が主要な構成要素であった従来の紙媒体の時代と比べてより多様かつ複雑なものになるであろう。このような複雑なテキストを正しく読み解き，解釈できるような読解力の養成が，これからの時代の読解指導に求められているといえよう。

2.2　画像の認知

　画像の認知には単純な形状の認識から風景の知覚まで多様なトピックが想定されうるが，情報メディアにおける画像情報はそれ自体が認識の対象となる場合よりも，文章等の文字情報と組み合わさったかたちで提示されることが多いと思われる。本書の趣旨をふまえ，ここでは教書等の文章中に掲載される画像情報の認知の問題を中心に議論したい。

　理科や社会の教科書等でよく見かけるように，説明文に図やグラフ等の画像が付加されることで文章内容の理解が促進することはこれまで多くの研究で報告されている[18]。また，小説の挿絵のように文章読解に必ずしも必要不可欠な情報ではなくても，文章と同時に提示されることで文章内容の理解に影響を及ぼすことも明らかにされている[19]。このように，画像情報の付加は文章読解に少なからずのインパクトを与えるといえる。

　文章に画像情報を付加するメリットとして，文字情報の言語的な符号化と画像の視覚的な符号化の2つの情報源から文章内容を理解して記憶できるといった点が挙げられる[20]。さらに踏み込んだ説明として，ラーキン（Larkin, J.H.）とシモン（Simon, H.A.）は，画像を用いることで複雑な情報をより効率的かつ構造的に読み手に伝達することができる点を指摘している[21]。写真等の画像

18：例えば，岩槻恵子「説明文理解における要点を表わす図表の役割」『教育心理学研究』46
　　(2)，1998，142-152.

19：和田裕一「挿絵が物語文の読解における状況モデルの構築に及ぼす影響」『心理学研究』
　　90(4)，2019，368-377.

20：Paivio, A. *Imagery and verbal processes*. New York: Holt, Rinehart and Winston, 1971.

は，文章のみでは表現しきれない，精緻でリアルな現実世界のありようを映し出すことができる。また，文章のみの表現では情報をシーケンシャルにしか表現できないのに対して，画像では情報の時間的推移や階層性，内包・外包関係といった抽象的な概念を同時並行的かつ明示的に表現できる。たしかに，太平洋に浮かぶ巨大なゴミの環境問題などは文章で説明されるよりも実際にゴミで覆われた海面の写真を目にするほうがわかりやすいし，物体の速度と移動距離の関係や DNA の分子構造などの知識は，文章のみで学習するよりもグラフや模式図が加わることでより直感的かつ明示的に読み手は理解することができるだろう。また，文章に画像が付加されるメリットには，ワーキングメモリの最適配分といった点も挙げられる。先述のように，ワーキングメモリには一定の容量限界があり，私たちは知覚情報を無限に処理できるわけではない。ここでワーキングメモリには言語的な情報と視空間的な情報を扱う2つの独立したサブシステムが含まれていたことを思い出してほしい。文章に図が加わることで，2つのサブシステムに処理が分散され，ワーキングメモリのシステム全体にかかる負荷が低減される。その結果としてより多くの認知資源を文章内容の理解に割くことができ，より精緻な処理が可能となる。

　しかしながら，画像の使用は読解に対して常に促進的に作用するわけではなく，使い方を間違えば時には文章に付加された画像が読解を妨げることにもなりかねない[22]。学習者が画像情報に対する知識をどの程度保有しているか，どの程度正確に認識できるかといった個人差要因を考慮に入れる必要がある[23]。したがって，文章に画像を付加する際には，画像の効果が最大限発揮できるように工夫する必要がある。この問題に対処するうえでは，メイヤー（Mayer, R.E.）の『マルチメディア学習における認知理論（*cognitive theory of multi-*

21：Larkin, J. H., & Simon, H. A. "Why a diagram is (sometimes) worth ten thousand words." *Cognitive Science*, 11(1), 1987, 65-100.
22：Schnotz, W. "Towards an integrated view of learning from text and visual displays." *Educational Psychological Review*, 14(1), 2002, 101-120.
23：Cook, M. "Visual representation in science education: The influence of prior knowledge and cognitive load on instructional design principles." *Science Education*, 90(6), 2006, 1073-1091.

media learning）』が参考になる[24]。

　マルチメディア学習における認知理論では，以下の３つの仮定が置かれている。①情報は文字情報と画像情報の２種類のコードで符号化される。②言語情報と画像情報の処理システム（それぞれ，ワーキングメモリにおける音韻ループと視空間スケッチパッドに対応する）にはそれぞれ容量限界が存在する。③学習内容に関連する情報に適切に注意が向けられて，それらを体制化した一貫した心的モデルがつくられ，そこに学習者の既有知識が統合されることで，豊かな知識表象が形成される。

　文字情報と画像情報が混在する学習素材を作成したり使用したりするうえでは，これらの認知的な諸側面を考慮しながら画面のレイアウトや提示の仕方等を検討するとよい。メイヤーは，効果的な学習を実現するためのマルチメディア学習素材の設計指針をいくつか指摘しているが，ここでは代表的なものをいくつか紹介しておく。まず，学習内容に直接関連しており，なおかつ，学習者の関心を惹くような画像を用いることが重要である。メイヤーはこれを一貫性原理（coherence theory）と呼んでいる。学習内容と直接関連しない画像（これには華美な背景画像等も含まれる）は，学習すべき内容から学習者の注意を逸らし，学習を妨げてしまう。この影響は，学習内容の事前知識に乏しい学習者やワーキングメモリ容量の低い学習者，学習者自身が学習のペースを調整できないような学習環境において大きな影響を及ぼすことが知られている。そして重要なことであるが，これらの条件は低学年の児童における学習状況によくあてはまるため，これらの年代に対するマルチメディア学習場面では特に留意する必要があるといえる。次に，文字情報と画像情報の提示の仕方を考える際，それらを空間的に近接した位置に同じタイミングで提示することが重要である。メイヤーはこれを時空間的一致性（spatial and temporal contiguity）と呼んでいる。時間的な一致性は，紙媒体を想定する場合は考慮する必要はないが，プレゼンテーションソフトにおけるアニメーション等の設定では重要な要素となる。もし文字情報と画像情報が離れた位置や時間的に前後して提示される場

24：Mayer, R. E. *Multimedia learning* (2nd ed.). Cambridge, MA: Cambridge University Press, 2009.

合，学習者がそれぞれの情報に対して注意を分割して向ける必要があり，さらにそれぞれの処理結果を統合して学習内容を理解することも迫られる。これは認知的負荷が高い心的作業であり，処理に要する時間も長くなるため，効果的な学習の妨げとなる。しかも，文字情報と画像情報では後者のほうが視覚的に注意を惹き付けやすいと考えられるため，結果として，スライドのイラストや写真はよく覚えているものの，肝心の学習内容がまったく思い出せないといった事態を招きかねない。画像情報の注意捕捉効果は，読解力が未発達な子どもにおいてより顕著に認められることから[25]，これらの属性をもつ学習者に対しては画像の使用は慎重になる必要があるといえよう。画像情報にのみ注意が惹き付けられてしまう事態を避ける方策の一つに，文字情報の提示モダリティを視覚から聴覚に変えて提示する方法がある。メイヤーはこれをモダリティ原理（modality principle）と呼んでいる。聴覚提示された文字情報はワーキングメモリ内の音韻ループで処理されるため，視空間スケッチパッドで処理される画像情報の処理と競合しない。また，文字情報を聴覚的に提示する場合，スピーカーとスクリーンの位置がよほど離れていない限りは，学習者は画像情報に注意を向けた状態で同時に文字情報にも注意を向けることができる（ただし画像情報と文字情報の内容が相互に関連していることが重要）。このような提示の仕方の有効性はこれまでに多くの研究で確認されているが，学習内容（文字と画像のどちらの内容が主な学習項目となるか等）や学習状況（時間的制約の有無等）によってはその効果がさほど期待できないケースも存在することが報告されている。

　近年では，文章にアニメーションやビデオクリップ等の動画素材を加えた学習素材を作成することも容易にできるようになりつつある。マルチメディア学習素材としての動画の効果に関しては，子どもたちの学習に対する理解を促進し動機づけを高めることが多くの研究から報告されている[26]。たしかに，運動

25：Goldstein, R., & Underwood, G. "The influence of pictures on the derivation of meaning from children's reading materials." *Journal of Research in Reading*, 4 (1), 1981, 6-16.

26：例えば，Lowe, R. K., & Schnotz, W. *Learning with animation: Research implicationsfor design*. New York: Cambridge University Press, 2008.

や音声など多彩な情報が含まれる動画は，静止画と比べて見る者の注意を惹き付ける作用が大きいことは想像にかたくない。それゆえに適用の仕方を誤ると，肝心の学習内容の理解を妨げかねない。例えば，動画の再生時間が固定されていると，学習者自身で動画の再生と停止を操作できる場合に比べて，動画の学習効果が劣ることが報告されている[27]。動画を用いる際には，その効果的な使用法について慎重に検討する必要があるといえる[28][29]。今や動画はスマートフォンで簡単に録画・編集して世界中に発信し共有できる時代である。YouTube 等の動画共有サイトの隆盛をみると，インターネット上の動画は多くの子どもたちにとってもっとも身近な映像メディアの一つとなりつつあり，動画の形態や表現方法もバラエティに富み，かつ洗練されたものが次々と登場してきている。教育の現場においてもこれらを活用した学びや情報発信の機会は今後ますます増加していくことが予想されるが，学習教材としての動画の有効性や問題点に関する議論は十分になされているとはいえず，実証的な研究知見のさらなる蓄積が待たれる。

　また，これまでの議論をふまえると，言語能力やワーキングメモリなどの学習者の認知特性の違いが，マルチメディア学習の効果にも何らかの影響を及ぼすことが考えられる。例えば，私たちが何かを学習する際，視覚的な情報の処理や記憶を好む人もいれば，言語的な情報の処理や記憶を好む人もいる[30]。このような学習や記憶における情報処理様式や問題解決方略における個人差（個性）を表す概念は，視覚型・言語型の認知スタイル（Visualizer vs. Verbalizer）と呼ばれている[31]。ここで，認知処理における文字と画像の交互作用とし

27：Hasler, B. S., Kersten, B., & Sweller, J. "Learner control, cognitive load and instructional animation." *Applied Cognitive Psychology*, 21(6), 2007, 713-729.

28：Dwyer, F., & Dwyer, C. "Effect of Cognitive Load and Animation on Student Achievement." *International Journal of Instructional Media*, 33(4), 2006, 379-388.

29：Lowe, R., & Ploetzner, R. (Eds.) *Learning From Dynamic Visualizations: Innovations in Research and Practice*. New York: Springer, 2017.

30：Koć-Januchta, M., Höffler, T., Thoma, G-B., Prechtl, H., & Leutner, D. "Visualizers versus verbalizers: Effects of cognitive style on learning with texts and pictures - An eye-tracking study." *Computers in Human Behavior*, 68, 2017, 170-179.

てマルチメディア学習を捉えた場合，視覚型の認知スタイルに分類される学習者と言語型の認知スタイルに分類される学習者では，その教育効果の現れ方に差異がみられる可能性が考えられる。この視覚型・言語型の認知スタイルを含め，学習者の属性（学力や既有知識，性格，態度等）がマルチメディア学習に及ぼす影響についてはあまり明らかにされていない。学習者の属性の違いによって教授方法（処遇）の効果が異なることは適性処遇交互作用（Aptitude Treatment Interaction：ATI）として知られているが，これはマルチメディア学習においても同様にあてはまるのであろうか。学習者の特性を考慮に入れた教授方法の選択は，マルチメディア学習における教育効果の最適化を図るうえで重要であり，今後さらなる検討を要する課題であるといえる。

3. 新しい情報メディアの進展とこれからの学びのあり方： インターネットの影響を中心に

　心理学的視点から情報メディアと学習の関係を議論するうえでは，インターネットの影響を無視するわけにはいかないであろう。近年のインターネットの普及は目覚ましく，6〜12歳の若年層においてもその利用率は80％を超えているといわれている。その用途はSNS等のコミュニケーションや動画視聴など多岐にわたるが，ここでは情報検索を取り上げたい。一説によると，代表的な検索エンジンの一つであるGoogleでは一日に約30億回もの検索が行われているという。何か知りたいことがあれば，いつでもどこでも簡単な操作一つで必要な情報が入手できる時代であり，これは数十年前には誰も想像すらできなかった状況であるといえよう。インターネット自体が比較的新しい技術であるために，その利用が私たちの認知や学習のあり方に及ぼす影響に関してはまだ不明な点が多く実証研究の蓄積が待たれているが，ここでは一つの興味深い研究結果を紹介しよう。

31：Riding, R. J., & Douglas, G. "The effect of cognitive style and mode of presentation on learning performance." *British Journal of Educational Psychology*, 63 (2), 1993, 297-307.

　フィッシャー（Fisher, M.）らが報告した実験[32]では，参加者に対して，すぐには答えがわからない問題（"なぜ閏年があるのか"や"なぜゴルフボールの表面にくぼみがあるのか"など）について詳しい説明を与えるように求めた。その際，検索エンジンを使って答えを探すグループ（以下，検索エンジン群）と検索エンジンを使わずに答えを考えるグループ（以下，検索エンジンなし群）の２つを設けた。回答終了後に自分の説明にどれだけ自信があるのかを評定してもらった結果，検索エンジン群の自己評価は検索エンジンなし群に比べて高いことが示された。次に，両群の参加者に対して，先程の質問とは関係のない新たな６つの質問（"竜巻はどのようにして起こるのか"や"曇の夜はなぜ温かいのか"など）に対して，自分がどの程度詳しく回答できると思うかを評価してもらった。ただし今回は両群ともに検索エンジンの使用を禁止した。実験の結果，検索エンジンを使用していないにもかかわらず，検索エンジン群のほうが検索エンジンなし群に比べて，自分の説明に対する自信の度合いが高いことが明らかになった。つまり検索エンジン群の参加者は，インターネットで検索するという行為によって，自分の知識が広がったかのように感じていたと考えられる（実際に知識が増えたわけではない）。この結果は，私たちはインターネットの情報を自分の記憶の一部とみなす傾向があることを示唆している。このような考え方は交換記憶（transactive memory）[33]の拡張版とみなすことができる。

　本来，交換記憶は，ある集団（集落や会社）のなかで情報が共有される際の記憶のあり方を指しており，例えば，ある事柄を忘れてしまっても集団のメンバーの誰に聞けばそれを教えてもらえるかについて把握しているような状態を指す。情報の内容を覚えていなくても，その"在り処"を知っていれば，いつでも情報にアクセスできるというわけである。今日の私たちは，インターネッ

32：Fisher, M., Goddu, M. K., & Keil, F. C. "Searching for explanations: How the Internet inflates estimates of internal knowledge." *Journal of Experimental Psychology: General*, 144(3), 2015, 674-687.

33：Wegner, D. M. "Transactive memory: A contemporary analysis of the group mind." In B. Mullen & G. R. Goethals (Eds.) *Theories of group behavior*. New York: Springer-Verlag, 1986, pp.185-208.

ト上の無数の情報を交換記憶として利用することで，日々の生活に必要となる膨大な情報の記憶や検索に要求される心的負荷が軽減できているといえる。しかしこのことは同時に，自分自身が保有している記憶や知識とインターネット上の情報との間の線引きが曖昧なものになりつつある状況を示唆しているともいえよう。かつては図書館の本や新聞記事や百科事典に頼っていた"調べ学習"の情報源として，現在では多くの子どもたちがインターネット検索を主に利用していることが推察される（その是非については多くの議論があろうが）。スマートフォンやAIスピーカーに質問すれば，検索エンジンからすぐさま的確な答えが返ってくる。そのようにして獲得した情報や知識は，変化の激しいこれからの社会を生きる子どもたちの「生きる力」や「確かな学力」に結実するのであろうか。

　近年のインターネット技術の進展は私たちの生活を便利なものとする一方で，個々人の認知や記憶のあり方をも変えつつある。教育の現場においても，インターネットは子どもたちの学びのかたちをいろいろな点で変えつつある。例えば，次世代型教育のキーワードとしてよく挙げられるアクティブラーニングやe-learning，反転授業，協調学習，BYOD（bring your own device）といった取り組みは，インターネットを活用した実施が想定されていることが多い。電子書籍の普及により，小説やマンガを読む読書環境も従来の紙の書籍による読書が主流であった時代と比べると大きく変容してきている。例えばクラウドサービスと電子書籍リーダーの組み合わせにより，時にはスマートフォンの画面上で，またある時にはタブレット端末でといった具合に，私たちは好きな時にどこにいても読書を楽しむことができるようになった。しかも，文字の大きさやフォント，書字方向などのレイアウトも，インターフェイスの設定により自分の好みに合わせて調整できる。本邦では電子教科書の導入を2024年度に控えているが，電子教科書では，例えば漢字の書き順をアニメーションで表示させたり，特定箇所の文章や段落を色付けしたり非表示にしたりといった具合に，電子書籍としての機能を活かした多様な使い方が可能となる。視覚情報や聴覚情報だけでなく，触覚情報や嗅覚情報の呈示を可能とするVR技術によって，子どもたちは教室にいながらにして理科の実験や社会科見学，芸術鑑賞等の疑

似体験が可能となる時代が近い将来訪れるかもしれない[34]。さらには，ここ10年の間に急激な進展を遂げ，ヒトの思考や判断といった高次の精神活動をも代替しうるだけの能力をもつようになってきている人工知能（AI）技術は，教育の現場にも近い将来大きなインパクトを与えることが予想される。

　以上でみてきたように，インターネット技術を軸とする新しい情報メディアが次々と登場し，教育の分野に導入されつつある。それらの普及に伴う学習環境の変化は，子どもたちの学びのあり方を実用的で効率的なものへと変容させることはたしかであろう。しかし，そこで経験される学びとはどのようなものであろうか。教育の現場ではどのようにそれを受け止め対応すべきであろうか。これらの重要な問いに対する答えは容易にみつかるものではなく，情報メディアの日進月歩を常に意識しつつ，実証的な知見を積み重ね，検討し続けていく必要があると考える。本章の内容が，そのような問題を議論するための現状認識の契機となれば幸いである。

34：臼井昭子，佐藤克美，堀田龍也「中学校美術科の鑑賞の授業における VR 教材の活用に関する一検討」『日本教育工学会論文誌』42(Suppl.)，2018，105-108.

III

情報メディアと思考

1.「考える」ということ

1.1 「考える」ことが求められる背景

　思考力を育てることは，学校教育の究極の目標の一つと言ってよいだろう。「生きる力」というキーワードに代表されるように，学校教育ではこれからの社会で生きて働く資質・能力の育成がめざされてきた。そして，その中身は当然のことながら，社会の状況によって変化する。

　身の回りにさまざまな情報機器が当たり前に存在する社会において，これからの社会を切り開くためにはさまざまな情報を判断し，組み合わせながら自ら考えることができる能力が必要になる。

　何かわからないことがあったときに，スマートフォンやパソコンで検索して調べることは当たり前になったし，ボタンを押せば掃除機が勝手に動き出す。家に帰れば声をかけるだけで電気をつけてくれる機械がある。コンピュータは人間よりもはるかに多くの情報を記録し，処理し，最適なものを提案してくれる。

　このように私たちの生活は情報機器のおかげでとても豊かに便利になっていく。この先もこの流れが止まることはないだろう。

　これからの社会に生きる子どもたちには，コンピュータに任せられる部分はコンピュータに任せながら，人間にしかできない仕事をしてもらう必要がある。

　そうすると人間に求められる能力も当然，変化する。何かを記憶していること，言われたことを言われたとおりに行う能力はもう人間はコンピュータには

敵わないからである。

　そのような状況のもと学校教育では，コンピュータに使われるのではなく，コンピュータをうまく活用して豊かな生活を送ることのできる子どもを育てる必要がある。

　2016（平成28）〜2017（平成29）年に改訂された「学習指導要領」において，「情報活用能力」がすべての学習の基盤となる資質・能力として位置づけられているのも，このような背景をもとにしたものである。学習の基盤となる資質・能力として，情報活用能力のほかには「言語能力」や「問題発見解決能力」が例として示されている。言語を扱う能力がなければ，国語だけでなく算数・数学や理科など，すべての教科等の学習が円滑に進まないのと同様に，情報をうまく扱う能力がすべての学習の基盤として求められているのである。

　そして，そのような情報活用能力の中には，情報機器の操作方法や情報モラル等も当然含まれている。しかし，それだけではなく，コンピュータの特徴をふまえたうえでコンピュータに何を任せるかを判断したり，コンピュータがやったことを見たうえで自分で考え，新しいことを創造したりするような「思考力」も含まれているのである。

　このように，情報教育の視点から見ても，思考力の育成は重要な課題であると言える。とはいえ，学校教育において「思考力の育成」が重要でなかったことはおそらく一度もない。1989（平成元）年以降の「学習指導要領」の改訂のポイントを「思考力の育成」に焦点を当てて整理すると以下のようになる。

- 1989年改訂：社会の変化に自ら対応できる心豊かな人間の育成
- 1999（平成11）〜2000（平成12）年改訂：自ら学び自ら考える力などの［生きる力］の育成
- 2008（平成20）〜2009（平成21）年改訂：「生きる力の」育成，基礎的・基本的な知識・技能の習得，思考力・判断力・表現力等の育成のバランス
- 2016〜2017年改訂：新しい時代に求められる資質・能力の育成

　このように，これまでも学習指導要領はこれからの社会に生きる子どもたちの育成を目標としつつ，その中心的な能力として思考力が位置づけられてきたのである。

　さらに，2020（令和２）年から実施された「大学入学共通テスト」では，“知識の理解の質問う問題”や“思考力，判断力，表現力を発揮して解くことが求められる問題”が重視されている。このようなことと合わせて考えれば，学校教育においてますます思考力の育成が重要視されていくことは間違いないだろう。

1.2 「考える」とは何か

　これまで，思考力の育成が求められる背景について，情報化社会の進展やそれに対応した「学習指導要領」をもとに整理してきた。

　それではこのように重要視されている「思考力」とは一体，どのような能力なのであろうか。

　「考える」といったときにどのようなことをイメージするだろうか。普段，私たちが「考える」といったときに，それは具体的に何をすることを意味しているだろうか。

　算数の活用問題を考える，国語で意見文を考える，家に帰って今日の献立を考える。私たちは日々，さまざまに考えている。しかし，それが意味するものは大きく異なる。

　算数の活用問題であれば，これまで学習した公式のどれが当てはまるかを検討し，問題中のどこに適用するかを検討して，計算をするということになるし，国語で意見文を考える場合には，テーマに対する自分の意見を整理し，その意見を支える根拠となるデータを集め，それを文章に表現する，などが求められる。今日の献立を考える場合もまた別の「考える」が求められることになる。

　このように「考える」もしくは思考力という言葉は非常に曖昧なものであり，状況や目的によって，その言葉が意味することはまったく異なるのである。

　思考力の定義については，これまでも議論され続けており，統一的な見解が示されているわけではない。思考力についてはこれまで「批判的思考」というキーワードで研究が積み重ねられている。ここでは，さまざまな研究者がそれぞれの文脈で批判的思考を定義して，研究が進められている。

　道田は批判的思考の多様性とそれらに共通する根底イメージの抽出を行って

表Ⅲ-1　批判的思考の定義の多様性

研究者	批判的思考の定義
Ennis, R.	何を信じ何を行うかの決定に焦点を当てた，合理的で反省的な思考（Ennis，1987）
Paul, R.	①訓練された，自分で方向づけた思考で，特定のモードや領域に適する思考に熟達していることを体現した思考 ②知的技術と能力に精通していることを示す思考 ③自分の思考をよりよく，より明確に，より正確に，より防衛力のあるものにしようとするときの，あなたの思考についての思考の技法（Paul，1995）
Pascarela, E.	問題や仮定されていることの明確化，重要な関係の認識，データからの正しい推論，憎報やデータから結論の導出，結論がデータに保証されているかどうかの解釈，証拠や権威の評価（Pascarella & Terenzini，1991）

出典：道田泰司「批判的思考概念の多様性と根底イメージ」『心理学評論』46(4)，2003，617-639．より抜粋

　いる。道田によると，批判的思考はその多様性から「批判的思考という概念はあらかじめ固定的な実体として存在するわけではない」ことを指摘しつつも，「規準」にもとづく思考，ある対象に対する「批判」をきっかけとして思考が深められること，などを根底に共通するイメージとして挙げている[1]。また楠見もさまざまな定義をもとに批判的思考について「論理的・合理的思考」「内省的・熟慮的思考」「目標思考的思考」の3つのキーワードから整理している[2]。

　このように「批判的思考」というキーワードでみると，共有されたイメージはあるものの，その定義については明確にされているわけではない。

　それぞれの立場で批判的思考力や思考力そのものを定義して研究・実践が進められている状況である。

1：道田泰司「批判的思考概念の多様性と根底イメージ」『心理学評論』46(4)，2003，617-639．

2：楠見孝「批判的思考とは：市民リテラシーとジェネリックスキルの獲得」楠見孝，子安益生，道田泰司編『批判的思考力を育む：学士力と社会人基礎力の基盤形成』有斐閣，2011．

1.3 「学習指導要領」における思考力

　それでは，「学習指導要領」において思考力はどのように定義されているのだろうか。

　小学校教育の目標を定めている「学校教育法」第30条第2項では「生涯にわたり学習する基盤が培われるよう，基礎的な知識及び技能を習得させるとともに，これらを活用して課題を解決するために必要な思考力，判断力，表現力その他の能力をはぐくみ，主体的に学習に取り組む態度を養うことに，特に意を用いなければならない」とされており，この記述から「思考力，判断力，表現力等」とは，知識及び技能を活用して課題を解決するために必要な力と定義されていることがわかる。

　さらに，「小学校学習指導要領（平成29年告示）解説　総則編」では，「思考力，判断力，表現力等」について「児童が「理解していることやできることをどう使うか」に関わる」としたうえで，以下のように定義されている[3]。

　　社会や生活の中で直面するような未知の状況の中でも，その状況と自分との関わりを見つめて具体的に何をなすべきかを整理したり，その過程で既得の知識や技能をどのように活用し，必要となる新しい知識や技能をどのように得ればよいのかを考えたりするなどの力

　このように，学習指導要領において「思考力，判断力，表現力等」は習得した知識を用いて新たな問題を解決したり，新しい知識や技能を得るための方法を考えたりする力として位置づけられている。

　そして，「知識及び技能を活用して課題を解決する」過程については，大きく以下の3つの分類が示されている[4]。

3：文部科学省「小学校学習指導要領（平成29年告示）解説　総則編」2017，p.37，https://www.mext.go.jp/component/a_menu/education/micro_detail/__ics-Files/afieldfile/2019/03/18/1387017_001.pdf（参照2022-02-22）.

4：同上.

- 物事の中から問題を見いだし，その問題を定義し解決の方向性を決定し，解決方法を探して計画を立て，結果を予測しながら実行し，振り返って次の問題発見・解決につなげていく過程
- 精査した情報を基に自分の考えを形成し，文章や発話によって表現したり，目的や場面，状況等に応じて互いの考えを適切に伝え合い，多様な考えを理解したり，集団としての考えを形成したりしていく過程
- 思いや考えを基に構想し，意味や価値を創造していく過程

　学習指導要領でも思考力について上記のような記載はあるが，過程や発揮される状況についての記載はあるものの，その中身について具体的に提案されているわけではない。

　2017(平成29)年度に告示された学習指導要領において，より詳細に思考力の内容について参考にできるのは，各教科等で設定されている「見方・考え方」という概念だろう。学習指導要領の中では，思考力等を育成するための視点として，各教科等の特質に応じた物事を捉える視点や考え方が示されている。

　「見方・考え方」は各教科等の学習指導要領解説の中で表Ⅲ-2のように示されている。

表Ⅲ-2　各教科等の「見方・考え方」の説明

教科等	見方・考え方の説明
言葉による 見方・考え方	学習の中で，対象と言葉，言葉と言葉との関係を，言葉の意味，働き，使い方等に着目して捉えたり問い直したりして，言葉への自覚を高めること
社会的事象の 見方・考え方	位置や空間的な広がり，時期や時間の経過，事象や人々の相互関係に着目して社会的事象を捉え，比較・分類したり総合したり，地域の人々や国民の生活と関連付けたりすること
数学的な 見方・考え方	事象を数量や図形及びそれらの関係などに着目して捉え，根拠を基に筋道を立てて考え，統合的・発展的に考えること
理科の 見方・考え方	見方（領域における特徴的な視点）：量的・関係的な視点，質的・実体的な視点，共通性・多様性の視点，時間的・空間的な視点 考え方：比較，関係付け，条件制御，多面的に考えることなど

身近な生活に関わる見方・考え方	身近な人々，社会及び自然を自分との関わりで捉え，よりよい生活に向けて思いや願いを実現しようとすること
音楽的な見方・考え方	音楽に対する感性を働かせ，音や音楽を，音楽を形づくっている要素とその働きの視点で捉え，自己のイメージや感情，生活や文化などと関連付けること
造形的な見方・考え方	感性や想像力を働かせ，対象や事象を，形や色などの造形的な視点で捉え，自分のイメージをもちながら意味や価値をつくりだすこと
生活の営みに係る見方・考え方	家族や家庭，衣食住，消費や環境などに係る生活事象を，協力・協働，健康・快適・安全，生活文化の継承・創造，持続可能な社会の構築等の視点で捉え，よりよい生活を営むために工夫すること
体育の見方・考え方	運動やスポーツを，その価値や特性に着目して，楽しさや喜びとともに体力の向上に果たす役割の視点から捉え，自己の適性等に応じた『する・みる・支える・知る』の多様な関わり方と関連付けること
保健の見方・考え方	個人及び社会生活における課題や情報を，健康や安全に関する原則や概念に着目して捉え，疾病等のリスクの軽減や生活の質の向上，健康を支える環境づくりと関連付けること
外国語によるコミュニケーションにおける見方・考え方	外国語で表現し伝え合うため，外国語やその背景にある文化を，社会や世界，他者との関わりに着目して捉え，コミュニケーションを行う目的や場面，状況等に応じて，情報を整理しながら考えなどを形成し，再構築すること
道徳科における見方・考え方	様々な事象を道徳的諸価値をもとに自己との関わりで多面的・多角的に捉え，自己の生き方について考えること
探究的な見方・考え方	各教科等における見方・考え方を総合的に活用するとともに，広範な事象を多様な角度から俯瞰して捉え，実社会・実生活の課題を探究し，自己の生き方を問い続けること
集団や社会の形成者としての見方・考え方	各教科等の見方・考え方を総合的に働かせながら，自己及び集団や社会の問題を捉え，よりよい人間関係の形成，よりよい集団生活の構築や社会への参画及び自己の実現に向けた実践に結びつけること

出典：各教科等の「学習指導要領解説」，特別の教科「道徳」のみ中央教育審議会答申「幼稚園，小学校，中学校，高等学校及び特別支援学校の学習指導要領等の改善及び必要な方策等について」より抜粋

　このように各教科等で「見方・考え方」が示され，これらを働かせることで資質・能力の育成をめざすというのが学習指導要領がめざしている方向性である。

　どのように世界を見るのか，そしてどのように考えるのかは，教科等の内容やその状況によって異なり，それを具体的に捉えることが重要である。

1.4 「考える力」は育てられるか

　「考える」ということは多様な意味をもっていて，その意味するところはその状況によって異なる。そのことを前提として考えると「考える力を育てる」という言葉はどのような意味をもつだろうか。

　国語で考える力を育てたとして，それは社会科の中でも発揮できるだろうか。算数・数学でいう「考える」と特別の教科「道徳」の中でいう「考える」は同じだろうか。それともまったく別の力なのだろうか。

　確かに，それらの力はまったく別のものであるようにも思える。国語で良い点を取れる人が算数でも良い点数を取れるとは限らないし，明日の献立を上手に考えられる人が旅行計画をうまく考えられるわけでもない。

　一方で，それらの力がまったくの別物であれば，学校教育の中でそれぞれの教科等を指導する意味がなくなってしまう。先ほど示したとおり，学習指導要領の中で「思考力，判断力，表現力等」は未知の状況の中で発揮されるものであるとされている。それぞれの状況によって「考える力」が異なるのであれば，未知の状況に対応できる「考える力」を育てることはできないということになってしまう。

　これらの問題は「思考の領域固有性」についての問題である。つまり，「思考力」をある特定の状況に限定された領域固有なものであると考えるか，それともどのような場面にでも適用できる領域普遍的な能力として考えるか，という問題である。そして，思考力をどう捉えるのかによって適切な指導方法が異なる。思考力を領域固有のものとして捉えるのであれば，さまざまな場面で考える経験を積ませることが重要になるし，思考力を領域普遍的なものとして捉えるのであれば，「領域普遍の思考力」を明らかにしたうえでそれを指導すれ

ばよいことになる。

　さまざまな場面で考える経験を積ませるだけでは，未知の状況に対応はできないし，これまで見てきたとおり，「領域普遍の思考力」とは何かは未だ一つの回答が得られているわけではない。

　このような問題を私たちはどのように解決すればよいだろうか。

2．思考スキルとシンキングツール

2.1　思考スキルの視点から思考力を捉える

2.1.1　「考える」を具体的に捉える視点としての思考スキル

　これまで見てきたように，「考える」ということは，状況によってとてもたくさんの意味をもっている。そこで，思考力を育てるための視点として，「考える」を具体的に捉える「思考スキル」という視点を紹介したい。

　先ほど，教科等の「見方・考え方」の紹介の中でも触れたとおり，各教科等の中ではこれまでさまざまな「考える」が行われてきている。それでは授業の中で行われている「考える」にはどのようなパターンがあるのだろうか。そしてそれは，教科によって違うものなのであろうか。

　この疑問を解決するために，筆者らは学習指導要領を教科横断的に分析した。学習指導要領やその解説，教科書などを並べながら，どの教科にどのような「考える」が出てくるのか，そしてそれは他の教科の「考える」と違いがあるのかどうかを検討した。

　その結果が表Ⅲ-3である。どの教科等でも出てくる「考える」には19種類のパターンがあることが明らかになり，それを教科横断的な思考スキルとして整理している[5]。

　このように具体的な言葉として「考える」を捉えることによって，授業の中で児童生徒に期待する「考える」をイメージすることができる。それによって，

5：泰山裕，小島亜華里，黒上晴夫「体系的な情報教育に向けた教科共通の思考スキルの検討：学習指導要領とその解説の分析から」『日本教育工学会論文誌』37(4)，2014，375-386.

表Ⅲ-3　「学習指導要領」における思考スキルの種類とその定義

思考スキル	定義
多面的にみる	多様な視点や観点にたって対象を見る
変化を捉える	視点を定めて前後の違いを捉える
順序立てる	視点にもとづいて対象を並び替える
比較する	対象の相違点，共通点を見つける
分類する	属性に従って複数のものをまとまりに分ける
変換する	表現の形式（文・図・絵など）を変える
関係づける	学習事項同士のつながりを示す
関連づける	学習事項と実体験・経験のつながりを示す
理由づける	意見や判断の理由を示す
見通す	自らの行為の影響を想定し，適切なものを選択する
抽象化する	事例からきまりや包括的な概念をつくる
焦点化する	重点を定め，注目する対象を決める
評価する	視点や観点をもち根拠に基づいて対象への意見をもつ
応用する	既習事項を用いて課題・問題を解決する
構造化する	順序や筋道をもとに部分同士を関係づける
推論する	根拠にもとづいて先や結果を予想する
具体化する	学習事項に対応した具体例を示す
広げてみる	物事についての意味やイメージ等を広げる
要約する	必要な情報に絞って情報を単純・簡単にする

支援の方法を検討することが可能になるのである。

　「子どもがうまく考えることができる授業をする」という問いはとても大きな問いで答えを考えるのがとても難しいが，「子どもがうまく“比較する”ことができる授業をする」というように具体化して捉えることができれば，「何と何を比較させるか」「比較のための視点は何か」「比較した後に，どのようにまとめさせるか」などのように，さまざまな支援方法を検討することができるだろう。

　また，目標が具体的になることで本時の評価も具体的にすることができる。「子どもは考えることができたか」ではなく，「子どもは比較ができたか」と具体化することで，ある事象についての共通点と相違点を書き出させるとか，その結果をもとに考察させる，などのように評価することが可能になる。

　「考える」ということはとても難しいことであるため，すべての児童生徒が

考えられるわけではない。考えることができなかった児童生徒に対して，どのような支援をするのかを考えるためには，目標を具体的に捉え，評価することが求められるのである。

　考えるテーマについて情報をもっていない児童生徒にはその情報を提供するべきだし，どのように考えるかがわからない児童生徒にはどうやって考えるかを教える必要がある。考えたことをうまく表現できない児童生徒がいれば，考えたことを伝える方法を指導しなくてはいけない。

　うまく考えることができない児童生徒に「よく考えてごらん」と声かけをしても，何をどう考えてよいかわからない子にとっては，その言葉は支援にはならないのである。そうではなく，「考える」を具体的に捉え，その子が考えられない原因を適切に捉えたうえで，その子に応じた支援を行うことが重要である。

　このように多義的な意味をもつ「考える」ことを「考える」という言葉を使わずに，具体的な思考スキルの言葉を使って捉えることで，授業設計や支援，評価の方法について検討することが可能になるのである。

2.1.2　思考力を育てるための視点としての思考スキル

　思考スキルにはもう一つの側面がある。それは思考スキルを“技能”として捉えることで，思考力を「状況に合わせて思考スキルを活用して問題解決等を行う力」と定義し直すことで，思考力の育成をめざすための視点でもある。

　つまり，思考スキル自体も習得させ，活用させる対象として捉えるのである。

　そして，思考スキルを習得し，状況に応じてどの思考スキルを活用すべきかを選択し，その思考スキルを活用することで未知の状況に対応することができる児童生徒の育成をめざすのである。

　「考える力」という漠然としたものを「思考スキル」と「状況に応じて思考スキルを選択する力」そして，「思考スキルをもとに判断や表現する力」というように分解して考えることができるのである。

　そのように捉えることで，思考の領域固有性の問題にも答えることができる。確かに「考える」ことは領域固有な現象である。しかし，それは，思考スキル

の選択の仕方や思考スキルの組み合わせ方，そして思考スキルで分析した後の判断や表現の仕方が領域固有なのであり，思考スキル自体は領域普遍的な技能であると考えることができる。

　国語の中で"比較する"ことと，社会科の中で"比較する"ことは，対象や視点，比較した後の活動は異なるが，どちらも「共通点と相違点を見つける」ことは同じなのである。

　このことは先に示した教科等の「見方・考え方」の中にも確認できる。例えば，「理科の見方・考え方」は領域特徴的な見方（量的・関係的な視点，質的・実体的な視点，共通性・多様性の視点，時間的・空間的な視点）と領域横断的な考え方（比較，関係付け，条件制御，多面的に考えることなど）で構成されている。まさに領域普遍的な思考スキルと領域固有なアプローチの視点という構成になっている。同様に社会科で発揮される「社会的事象の見方・考え方」は，「社会的事象」という社会科に特有の学習対象に対して，「位置や空間的な広がり，時期や時間の経過，事象や人々の相互関係」という社会科に特徴的な視点でアプローチすることで，「比較・分類したり総合したり，関連付け」のような汎用的な思考スキルが発揮されることが期待されているのである。

　教科の文脈の沿って適切な思考スキルを習得する。そして，それを活用しながら教科や総合的な学習の時間中で問題解決を行う。最終的には思考スキルも含めた知識・技能を自在に活用しながら価値のある問題を探究する。

　このように各教科等の学習を領域普遍的な思考スキルの視点で捉えることで，思考力を具体化するとともに，思考スキルの習得・活用・探究というプロセスでの思考力育成を考えることが可能になるのである。

　エニス（Ennis, R.H.）は批判的思考力の育成方法について4つに分けて整理している[6]。

　ひとつめは思考方法そのものを題材に学ぶ「ジェネラルアプローチ」である。汎用的な思考スキルを想定し，それを直接的に指導する方法である。学校教育の中でこの方法を採用しようとすると，思考法について直接的に指導する特設

6：Ennis, R. H. "Critical Thinking and Subject Specificity: Clarification and Needed Research." *Educational Researcher*, 18, 4-10.

の時間を設定することになる。2つめは「インフュージョンアプローチ」と呼ばれる既存の教科の中で思考スキルを明示的に指導する方法である。3つめは既存の科目に深く没入する中で批判的思考を学んでいく「イマージョンアプローチ」，そして最後はそれらの方法を混合した方法である。

　これまで学校教育では，イマージョンアプローチが採られてきたと言える。教科の学習を通して思考力を育成するという方法である。しかし，それぞれの教科でどのような思考力が育てられたのかは明らかにされてこなかった。思考力の育成をめざした各教科等の学習を自分の中でうまくつなげられる子どもは思考力を高めることができただろう。しかし，そのような子どもばかりではない。多くの子は教科が変われば，それは別の世界の話だと思い，それぞれの教科のルールに従って学習をしてきたのだと考えられる。思考スキルの枠組みは各教科等の中で思考スキルを明示的に指導するインフュージョンアプローチを行うための視点を具体化したものであると捉えることができるだろう。

　そして，教科内容を指導する中で，教科や単元の特性に合わせて思考スキルを明示的に指導するのと同時に，それが他のどの場面で活用できるものなのかについても合わせて指導する必要がある。

　教科で指導する内容を思考スキルの視点から具体的にすることができれば，指導の方法や留意すべき事項を見つけやすくなるだろう。そして，これらの思考スキルを他の教科等での学習場面で活用させることで，どのような状況で活用できるか，その活用にどのような意味があるのかということを合わせて指導していくことで汎用的な思考力の育成につながることが期待される。

2.2　思考スキルを補助するためのシンキングツール

　そして，このような指導を進めていくためには，シンキングツールを活用することも有効である。シンキングツールとは，思考を補助するための道具であり，思考スキルを明示的に指導するための枠組みである。

2.2.1　「考える」を支援するためのシンキングツール

　いきなり，「考える」は難しい。そこで，頭の中にある多様な情報を特定の

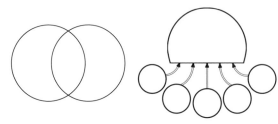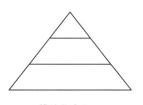

比較する：ベン図　　　理由づける：クラゲチャート　　　構造化する：
ピラミッドチャート

図Ⅲ-1　思考スキルの習得，活用を支えるシンキングツールの例

出典：黒上晴夫・小島亜華里・泰山裕「シンキングツール：考えることを教えたい」NPO法
人学習創造フォーラム，2012[7]より抜粋

枠組みに沿って書き出すことで，「考える」ことを助けるための道具がシンキ
ングツールである。

　シンキングツールにはそれぞれの形がある。例えば，「比較する」ときには
ベン図を使って同じところと違うところを整理する，「理由づける」ときには，
クラゲチャートを使って，頭の部分に考えを入れ，足の部分に主張を支える根
拠を整理する。自分の考えを「構造化する」ときには，ピラミッドチャートな
どを活用し，一番下に事実，真ん中にそれらの事実をつないでわかること，そ
して，一番上にわかったことをもとにした自分の考えを書く。というように，
頭の中にある情報をいったん整理することで，考える途中を補助してくれる
（図Ⅲ-1）。

　シンキングツールはそれぞれの思考を補助するために特徴的な形をしている。
ベン図は同じところと違うところを整理しやすいような形をしている。このツー
ルを使って，2つのものの"関連"について考えさせることは難しい。ベ
ン図は"比較"しかできないし，クラゲチャートは"理由づけ"を支援しやす
いような形をしている。大事なことは，どのような「考える」を期待するのか
を充分に検討したうえで，適したシンキングツールを選択することである。

　また，シンキングツールは考える途中を補助するための道具であるため，ツ

7：http://www.ks-lab.net/haruo/thinking_tool/short.pdf（参照2022-02-22）.

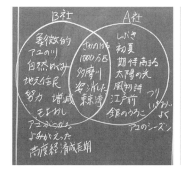

図Ⅲ-2　ベン図（国語）

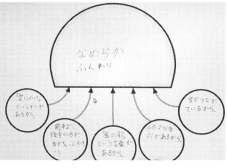

図Ⅲ-3　クラゲチャート（音楽）

ールに整理したら，それを見ながらさらに考えることが必要である。ベン図や
クラゲチャートが完成して授業が終わることはほとんどない。ベン図ならその
違いや共通点からわかることを整理したり，クラゲチャートならそれをもとに，
作文を書いたり，自分の意見をまとめたりする活動が必要になる。

　例えば，図Ⅲ-2は同じ内容を扱った２つの新聞記事を見比べたときにベン
図を活用した図である。それぞれの記事が扱っている内容は共通するものの，
表現の仕方や焦点を当てるポイントが異なることをベン図で整理したうえで，
なぜこのような違いがあるのかについて，クラス全体で考えるという活動が行
われた。

　また，図Ⅲ-3はある音楽についての印象を「滑らか，ふんわり」と表現し，
なぜ自分がそのように感じたのかについて，歌詞や音程などを手がかりに理由
を整理している。このように整理したうえで，自分はこの曲をどのように歌う
のかについて考える活動が行われる。このように，シンキングツールを活用す
る際にはツールにまとめた後に，どのような活動を行うのかに留意する必要が
ある。

2.2.2　思考スキルの発揮を促すシンキングツール

　思考スキルは概念であるため，それを子どもに習得させ，意識的に活用させ
るのは簡単なことではない。このように，同じ考え方をするときには，同じツ

ールを教科横断的に活用させることで，思考スキルを意識化させやすくなると同時に，教科等の学習を思考スキルの視点で結びつけることができる。

　シンキングツールが特徴的な形をしている利点の一つがこの点である。例えばベン図は，どの教科等の学習場面でも，もしくは家で考えるときでさえ，その「考える」が"比較"であれば活用することができる。同じ形の図が教科等を超えて，繰り返し出てくることで，思考スキルが意識され，習得されるのである。

　シンキングツールには複数の形があるが，最終的にめざすのはシンキングツールを状況に応じて自由に選択することができたり，ツールがなくても考えることができたりする児童生徒の育成である。しかし，そのためにはそれぞれのツールについて，しっかりと慣れ，習熟し，このツールを使うとどのようなことがわかるのかについて具体的に理解しておく必要がある。

　このような発想が学習指導要領の中にも見ることができる。総合的な学習の時間（高等学校では「総合的な探究の時間」）で用いられる「考えるための技法」という用語がそれに当たる。

　　　探究的な学習の過程においては，他者と協働して課題を解決しようとする学習活動や，言語により分析し，まとめたり表現したりするなどの学習活動が行われるようにすること。その際，例えば，比較する，分類する，関連づけるなどの考えるための技法が活用されるようにすること。(「小学校学習指導要領」「中学校学習指導要領」総合的な学習の時間　第3の2 (2)) [8]

　さらに，小学校・中学校国語科の学習指導要領には「比較や分類，関係付け」などの情報の整理の仕方を技法として習得させることが示されている。

8：文部科学省「小学校学習指導要領（平成29年告示）」2017，p.330，https://www.mext.go.jp/content/1413522_001.pdf；文部科学省「中学校学習指導要領（平成29年告示）」2017，p.16，1https://www.mext.go.jp/content/1413522_002.pdf（参照2022-02-22）.

　　比較や分類，関係付けなどの情報の整理の仕方，引用の仕方や出典の示し
　　方について理解を深め，それらを使うこと。(「中学校学習指導要領」国語
　　科 第1学年 知識及び技能(2)イ) [9]

　これを見ると，国語科において習得した比較や分類，関係付けなどの技法を，
より実際に近い文脈での問題解決の場面である総合的な学習の時間で活用し，
課題を解決する中で資質・能力を育成するという学習の流れが想定されている。
　当然，思考スキルは国語科だけで指導されているわけではない。社会科では，
さまざまな事象を多面的・多角的に考察する活動が行われ，技術科では，問題
を見いだして課題を設定し，設計を具体化すること等が行われる。
　このように，教科等のさまざまな学習場面において，その教科の特性に応じ
て考える経験を通して思考スキルを習得し，それを総合的な学習の時間や他の
教科で活用する学習活動を積み重ねることで，思考スキルが汎用的なものとな
っていくのである。その中で状況に応じて思考スキルを活用して問題解決がで
きる，思考力が育成されるのである。
　そのためには，各教科等において子どもに求める思考スキルを教師自身が自
覚し，指導する必要がある。各教科等の学習において子どもに求める思考スキ
ルは何か，それは他のどの教科等のどのような学習場面と同じなのかを教師が
想定しておくことで，思考スキルの視点から各教科等の学習を相互に関連づけ
ることが可能になる。思考スキルをさまざまな場面で意識的に活用する学習を
積み重ね，思考スキルを他の場面で活用可能なものとして習得させることで思
考力の育成をめざすことが可能になるのである。

9：前掲「中学校学習指導要領」p.30.

3．情報メディアと思考スキル

3.1　思考力育成に向けた情報メディアの活用

　それでは思考スキルを視点からの思考力育成のための取り組みにおいて，情報メディアはどのように関係してくるだろうか。

　情報メディアが多様で身近になればなるほど，思考力の重要性が際立ってくる。情報を集めることは非常に簡単になり，短時間で多種多様な情報を収集することができるようになった。集めることのできる情報は，文字情報だけでなく，音声や写真，動画などといった形式も多様である。そして，表現についても情報メディアが身近に便利になることで，簡単に表現することができるようになった。今や動画で全世界に向けて発信することすら容易にできる。

　しかし，ともすれば集まった情報を整理せず，情報がまとめきれなかったり，表現の形式にばかり目が向いてしまい，肝心の中身はコピーですませてしまったりすることも懸念される。

　そうならないように，集めた情報を自らの頭の中でうまく処理するための能力，つまり思考力がよりいっそう求められることになる。

　思考スキルの視点と実際の問題解決をもとにした学習のプロセスから捉えれば，思考力育成のための学習プロセスとは次の4段階に整理できる。

　①思考の対象となる課題を設定すること（課題の設定）

　②課題の解決に必要となる情報を集めること（情報の収集）

　③集めた情報を思考スキル等を用いて処理し，自分の考えを構築すること（整理・分析）

　④考えをまとめ，表現し，振り返ること（まとめ・表現）

　これは総合的な学習の時間で想定される探究のプロセスとも重なる。このようなプロセスにおいてどのように情報メディアを活用すればよいだろうか。ここからはそれぞれのプロセスにおいて情報メディアをどのように活用できるかを考えていきたい。

①思考の対象となる課題を設定すること

　課題設定は思考のスタートである。この段階では，子どもが本当にやりたいと感じるような課題をどのように設定するのかが重要である。課題設定のためには，課題状況を具体的にイメージし，それを自分ごととして捉えられるようにする必要がある。このときに多様な情報を扱うことができる情報メディアの特性を活用し，動画や写真などを用いて課題状況を具体的にイメージしやすくなるように補助することやそれと自分の思いとのズレを認識させるなどのように，情報メディアの特性を上手に活かすことで子どもの課題設定を支援することができるだろう。

　身近な自然を題材にするとき，子どもが普段目にするところだけでなく，普段目にすることの少ない自然の様子を動画や写真などで見せることによって，きれいだと思っていたものが本当は汚れている部分があるなどの事実に気づくことができる。それによって「なぜ自然が汚れてしまうのか」や「自然環境を守るために自分たちにできることは何か」といったような疑問につながることが考えられる。これらの事例は情報メディアを使って状況をイメージさせることで学習の過程が豊かになる例である。もちろん，課題状況を具体的にイメージするためには，ICT だけでなく，子どもが実際に外に出て観察をしたり，インタビューを行ったりすることも有効である。その際も経験したことを写真や動画，音声データとして記録し，後で振り返る際にも情報メディアが有効に活用されるだろう。

②課題の解決に必要となる情報を集めること

　情報の収集の段階では，ICT の特性をより活かすことができる。インターネット上には珠玉混合で多様な情報を見つけることができる。テレビ番組などをはじめとしたの動画情報なども上手に使えば優良な情報源となりうる。

　情報収集の段階でも，観察やインタビュー等の体験による情報収集ともうまく組み合わせて情報を収集させる必要がある。情報収集段階においては，ただ単に情報を集めるだけでなく情報活用能力を発揮しながら情報を整理したり，その真偽を確かめたりするような工夫も求められる。また，集めた情報を収

集・管理するという側面からも情報メディアは有効な道具になりうる。撮影した写真，集めた情報，そのときに思ったことなどを記録し，蓄積していくことで，最後の振り返りにつなげやすくなる。

③集めた情報を思考スキルを用いて分析し，自分の考えを構築すること

　集めた情報を整理・分析する段階では先ほど紹介した思考スキルを用いながら集めた情報を比較したり，分類したり，構造化したりしながら自分の考えを作り上げていく。この際に情報メディアの特性を活かすことは難しいこともある。その場合は無理に情報メディアを活用するのではなく，考えることを補助するためのシンキングツールなどを活用しながら，子どもが考えやすくなるような支援が求められる。

④考えをまとめ，表現し，振り返ること

　考えをまとめて発表する際にも情報メディアの活用が有効である。文章やポスターなどにまとめたり，プレゼンテーションを行ったりする際には情報メディアの特徴を上手に活かすことができる。

　まとめ，表現の際には「何のために」「誰に」表現するのかを充分に意識させたうえでどのような方法で表現するのかを選択させることで情報活用能力の育成を図ることが可能になる。

　また，この段階では学習を振り返り，学びを自覚し，また新たな課題を設定するなどの学習活動が求められる。その際には，時間的制約を超えるという情報メディアの特性を活かして，過去のワークシートなどを個人のタブレットなどに蓄積しておき，そこに記述されている昔の考えと今の考えと比べて学びを自覚させたり，昔の写真やデータと今のものを比べて状況がどのように改善されたのかを明らかにしたりするなどの学習展開が考えられる。

3.2　情報メディアと思考スキル

　これからの社会を生きる子どもたちにとって，複数の情報メディアを活用しながら問題解決をすることは当然のことである。情報が大量にあるという混沌

とした状況を，うまく整理・分析し，自分に役立てることのできる資質・能力が求められる。

　そのために，さまざまな情報メディアの特性をうまく活用しながら，思考スキルを活用して問題解決を行う場面を準備することが重要である。

4. 思考スキルを育てる授業設計と評価

4.1　思考力育成をめざした授業設計の際の注意点

　さまざまな学校現場にお邪魔し，思考力育成をめざした授業を見せていただく機会がある。そのような授業を見て，先生方と議論をする中で見えてきた，特に児童生徒に考えさせることを求める授業において授業設計の際に注意すべきポイントについて以下の4点を挙げてみよう。
　①「考える」価値のある課題であるかどうか
　②その「考える」が子どもの姿で具体化されているかどうか
　③具体化された「考える」に対する支援があるかどうか
　④「考える」の結果，どのようにまとめるのかが検討されているかどうか
　ここからは，それぞれの思考力育成をめざした授業がうまくいかない場合の要因を整理しながら授業設計のためのポイントを検討したい。

①「考える」価値のある課題であるかどうか
　児童生徒に「考える」ことを期待する授業において，その課題が「考える」価値があるかどうか，は最も重要なポイントとなるだろう。
　例えば，新出漢字の読み方を考えることには意味がない。なぜならそれには正解があり，それは調べればわかることだからである。しかし，正解があったとしても，正解に至るための過程が複数あり，その過程を見つけること自体に価値がある場合もあるだろう。
　価値があるかどうかの判断基準は，その課題について考えることが児童生徒の資質・能力の育成に寄与するかどうか，である。

　また，その課題を考えることが児童生徒にとって考える価値があると思える
かどうかも非常に重要なポイントとなる。自分にとって興味がある内容や，自
分のキャリア形成において意味がある，考える価値があると児童生徒が判断す
れば，子どもは考えだすだろう。

　教師に求められるのは，そのような課題をいかに設定し，いかに子どもの意
欲を引き出すかについて検討し，そのような学習環境を準備することである。

②その「考える」が子どもの姿で具体化されているかどうか

　その授業で求める「考える」が具体的に何をすることなのかについて，具体
的に想定できているかどうかが重要なポイントとなる。何をすれば考えたとい
うことにするのか，どう考えることを期待するのかということを上で示した思
考スキルの枠組みを参考にしながら，具体化することが重要である。

　例えば，「意見文を考える」ということには，どのような思考スキルが求め
られるだろうか。さまざまな事実から主張を「構造化」し，その主張を「理由
づけ」て根拠を整理する。そして，それらの材料を「順序づけ」，文章の順番
を考えることを期待するかもしれない。もしくは主張を「多面的にみる」こと
で，反論を想定し，その反論に対応するための主張になっているかどうかを
「評価する」ことを期待するかもしれない。

　「考える」ということの意味が多様であるのと同様，同じ教科・単元でも教
員によって考えさせたいポイントやそのための具体的な方法は異なる。そのた
め，その単元で重要視したい「考える」を思考スキルの枠組みを参考にしなが
ら具体化することが重要である。

③具体化された「考える」に対する支援があるかどうか

　ここまでで「考える」が具体化するとそのためにどのような支援が必要なの
かについても整理されているはずである。シンキングツールを活用するかどう
もここで検討することができる。もしシンキングツールが思考の流れに合って
いないのであれば，ワークシートなどを活用することも考えられる。

　もし適切なシンキングツールが選択できれば，一度それを児童生徒になった

つもりで埋めてみるのがよいだろう。そうすることで，シンキングツールがあることで考えやすくなるかどうか，シンキングツールに埋めるための情報がそれまでの時間で提供されているかどうか，などを合わせて検討することができる。

　シンキングツールはその名のとおり，考えることを支援するための道具である。決してシンキングツールを活用すること自体が目的化してしまわないように注意する必要がある。

④「考える」の結果，どのようにまとめるのかが検討されているかどうか

　多くの授業の場合，考えた結果をまとめる場面が準備される。シンキングツールが埋まって授業が終わる，ということはほとんどありえないだろう。

　シンキングツールを見ながら，自分の言葉でまとめたり，表現したり，意見を整理したりする学習場面が準備される必要がある。

　どのようにまとめるのか，そのまとめはシンキングツールがあることでまとめやすくなるのか，などの視点で検討することが求められる。

　思考スキルに焦点を当て，思考力育成のための授業設計を行う際には，以上のようなポイントを検討することで，児童生徒が豊かに考え，それを支援することができると考えられる。

4.2　思考スキルと評価

　思考スキルに焦点を当てることで，児童生徒の思考力をより詳細に把握することができる。それにより，状況を把握し，よりそれぞれの子どもに合わせてより適切な支援を検討することが可能になる。

　子どもが何を考えたのかを把握することはとても難しい。これまで見てきたように「考える」ということは，とても複雑で，さまざまな要因が影響するからである。

　あるテーマについての考えを文章にまとめることができなかった子は考えることができていないのであろうか。それはなぜだろうか。その原因は色々と考

えられる。

- そのテーマについての情報が足りなかったのか
- 情報をうまく整理することができなかったのか
- 整理した情報をうまく文章で表現することができなかったのか

これらのほかにもさまざまな要因が関わっているだろう。そして，それぞれの要因によって必要な支援が異なる。

　情報が足りない子には情報を与えてあげないといけないし，整理ができなかった子には情報をうまく整理するシンキングツールのような枠組みを示すことが必要だし，整理した内容をうまく表現できなかった子には考えたことをどのように表現するかについて指導する必要がある。

　このように考えることを具体化し，可視化することで子どもの思考を把握し，支援することが可能になる。

　一つ，事例を挙げて考えてみよう。教科単元のまとめの場面で文章でまとめる前にシンキングツールで情報を整理させたうえで，文章を書かせた大阪の公立小学校で取り組んだ実践である。

　この実践は，社会科「わたしたちのまちのようす」の単元で取り組まれたものである。この単元では地域の様子を調査し，地域の特色について理解することが目的となっている。「学習指導要領」では「自分たちの住んでいる身近な地域や市（区，町，村）について，次のことを観察，調査したり白地図にまとめたりして調べ，地域の様子は場所によって違いがあることを考えるようにする」ことが目的となっており，思考スキルで言えば，「比較する」ことを目的とする単元である。

　そこで，2つの地域の調査を行った後，「比較する」に対応するシンキングツールであるベン図を用いて情報を整理した後，その違いについてまとめる活動を行った。そして，文章だけを評価するのではなく，シンキングツールに何が書かれているかも合わせて評価することで子どもの思考過程を評価する取り組みである。

　子どものシンキングツールの評価と作文の評価をプロットしたのが図Ⅲ-4である。

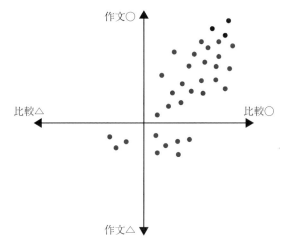

図Ⅲ-4　シンキングツールと作文の評価結果のプロット図

　ベン図に内容がまとめられているかどうかが横軸，それぞれの地域の違いに言及した作文が書けているかどうかが縦軸である。ベン図にきちんと情報を整理できているほど，右側に位置づき，適切な内容であればあるほど上の方に位置する。

　右上の領域位置するのが２つの地域の調査から得られた情報を適切にベン図を用いて比較することができ，作文をまとめることができた児童である。多くの児童が調査した内容をベン図にまとめ，その記述をもとに地域の違いや共通点について作文にまとめることができていた。右上の児童はそれぞれの地域の違いだけでなく，比較をもとにそれぞれの地域の特徴にまで言及できている児童である。

　多くの児童がそれぞれの地区の違いや共通点について記述しており，ベン図にまとめることで社会科の目標である「地域の様子は場所によって異なる」ことについて，気づいている様子が見て取れた。

　また，右下の領域に位置する児童は，比較はできているが作文にうまくまとめられなかった児童である。本単元の目標である「地域の様子は場所によって違いがあること」はベン図に整理することができているが，それがうまく言語

化できていない児童が数名いることがわかる。このような児童に対しては，整理した情報を文章化するための支援が必要になる。

　また，左下の領域に位置する３名の児童は，比較も作文もうまくまとめられなかった児童である。そのような児童に対しては，地域の調査を行うときにどのような情報を見つけてくるのか，その情報をどのように比較するのかについて指導する必要あるだろう。

　このように，最後のまとめに作文のみではなく，シンキングツールで情報を整理させることで，児童の思考過程を把握することができ，多様な評価が可能になる。

　思考過程を具体化し，それを段階を分けて記述させることで，児童の現状を評価することが可能になり，それがそれぞれの児童の状況に合わせて思考の支援につながると考えられる。

　本章冒頭に述べたように思考力を育てることは，教育の究極的な目標のひとつである。そのためには，思考を具体的な目標として捉え，指導や評価を行うこと，そしてそのような学習過程を支援するような情報メディアの特性をうまく活かした実践を行うことが重要である。

IV

情報メディアについての教育

1. メディア・リテラシーと情報モラルの教育

1.1　知識基盤型社会とメディア・リテラシー

　21世紀は知識基盤社会（knowledge-based society）と呼ばれ「新しい知識・情報・技術が政治・経済・文化をはじめ社会のあらゆる領域での活動の基盤として飛躍的に重要性を増す」社会と定義される[1]。技術の進歩は目覚ましい。世界中で日々新しいサービスや技術が提案され，生活は豊かで便利になっている。異なる価値観やアイディア，技術をもつ人びとが出会い，新たな価値を産み出す資質・能力が求められる。インターネットやソーシャルメディアを使ったコミュニケーションはこれまで考えられなかった価値を生みつつある。

　2018(平成30)年6月，文科省はSociety 5.0を提唱した。求められる力として挙げられているのは「文章や情報を正確に読み解き対話する力」「科学的に思考・吟味し活用する力」である[2]。一見，伝統的な学力観に近いようにも見えるが，ここでの対話はインターネットを介した対話を含む。実際，コンピュータ利用調査で行われたPISA2015では，コンピュータ内に仮想の人物を登場させ，被験者に協同して問題を解決させている。世界中の学習者がMOOCs

1：中央教育審議会「我が国の高等教育の将来像（答申）」文部科学省，2005，https://www.mext.go.jp/b_menu/shingi/chukyo/chukyo0/toushin/05013101.htm（参照2022-02-22）.
2：文部科学省「Society 5.0に向けた人材育成：社会が変わる，学びが変わる」2018，http://www.mext.go.jp/component/a_menu/other/detail/__icsFiles/afieldfile/2018/06/06/1405844_002.pdf（参照2022-02-22）.

（Massive Open Online Course）で学び，ネットワークを活用して議論している。こうした時代においては，私たちは図書やテレビ，新聞から情報を受信するだけではなく，インターネットやSNSに確かな情報を求めたり，時には時間や空間を超えて議論したりする。こうした時代を豊かに生きる資質・能力が求められている。

交通手段の飛躍的な発達によって世界中の品物が手に入るようになった反面，伝染病や危険な外来生物もまた軽々と国境を越えるようになったように，メディアの進歩によって私たちはこれまで想像もしなかったリスクに晒されている。メディアからの誤った情報を鵜呑みにしたり，不注意な情報を発信したりすることは，時として人生を変えてしまいかねない。新しいメディアは知識基盤型社会におけるコミュニケーションを支える必須のツールであると同時に，リスクを伴う諸刃の剣である。

こうした社会で必須の資質・能力がメディア・リテラシーである。本章では，メディア・リテラシーを「多様な情報メディアの特性を踏まえ，それらを情報の受信と発信に主体的に活用するとともに，情報を鵜呑みにすることなく批判的に捉えようとする態度及び能力」[3]と捉える。メディア・リテラシーはメディアや状況が変わっても対応できる必要がある。最新のスマートフォンやソーシャルメディアなどを学校で学んだとしても，数年で過去のものとなるからだ。では，その育成はどうあればよいのだろうか。

1節では，諸外国，わが国におけるメディア・リテラシーの歴史について概観する。2節では，知識基盤型社会に求められるメディア・リテラシーの特性についてみていく。3節では学校教育におけるメディア・リテラシー育成の手法と課題について検討していく。

1.2　情報の受け手としてのメディア・リテラシー

NAMLE（National Association for Media Literacy Education）は，メディア・リテラシーを「全ての様式のコミュニケーションを活用して，アクセスし，

3：後藤康志「メディア・リテラシー尺度の作成に関する研究」『日本教育工学会論文誌』29 (Suppl.)，2006，77-80.

分析し，評価し，創造し，行動する能力」と定義している。現代社会は，一人の個人が受け手と送り手の両方を行き来するからである。しかし，かつてはほとんどの人が受け手だった。

メディア・リテラシーは英国に始まり，ついでカナダに広まったとされるが，まずは受け手としてのメディア・リテラシーであった。

メディア・リテラシーの原点は1930年代の文芸評論家リーヴィス（Leavis, F.R.）とトンプソン（Thompson, D.）であるという[4]。リーヴィスらは古典文芸こそが真の高尚文化であり，映画やラジオを通した大衆文化は高尚文化にとっての驚異と見なしていた。そこで，リーヴィスとトンプソンは生徒が大衆文化と正統文化を見分けることができるよう新聞，雑誌，広告などを批判的に見るための授業を展開したという。こうした二分法は1950年代のカルチュラル・スタディースにより疑問が投げかけられるようになったが[5]，いずれにしてもメディア・リテラシーは情報の受け手への予防措置として生まれたのである。

1930年代はヒトラー（Hitler, A.）がプロパガンダ映画を利用し始めた時期である。湾岸戦争での「油まみれの水鳥」写真が観る人に大きな影響を与えたのは今も昔も変わらないのであって，映像の訴求力は強い。映像技法を駆使したプロパガンダ映画は人びとの考えを大きく作用した。これを受けて，BBCはプロパガンダ映画を見分けるための番組を作成した。ローマ教皇は映画などの影響を深刻に受け止め，メディア教育を正式に授業で取り入れるよう呼びかけるなどしたという[6]。

メディア・リテラシーの必要性が世界で提起されるようになったのは1960年代からで，各国でメディア・リテラシーの実践が積み重ねられていった[7]。各国の実践をつないだのがグリュンバルトでの会議である。1982年ドイツのグリュンバルトにメディア教育専門家が集まり，「メディア教育に関するグリュンバルト宣言」を採択した。この宣言の特徴は，メディアに対して批判的な認識力

4：Buckingham, D. "Media Education in the UK: Moving Beyond Protectionism." *Journal of Communication*, 48(1), 1998, 33-43.

5：菅谷明子『メディア・リテラシー：世界の現場から』岩波書店，2000.

6：同上.

7：鈴木みどり編『Study Guide メディア・リテラシー 入門編』リベルタ出版，2000.

を育成する必要性だけでなく，創造的な表現の手段としてメディア利用及びコミュニケーションのための教育までも視野に入れたことである。情報発信の面については次項に触れるとして，情報の受け手としてのメディア・リテラシーを考えるうえでマスターマン（Masterman, L.）の「メディア・リテラシーの18の基本原則」は今日にそのまま通用する（表Ⅳ-1）。

　マスターマンは，メディアからの情報は誰かが構成し，コード化された表現に過ぎないのであり，鵜呑みにしては正しい判断が困難になる。自分が十分な知識をもっていたり，実際に経験したりしたトピックについて，それを伝える複数の新聞，テレビ，書籍を読み比べると，これがわかることがある。ここで求められるのが批判的思考，すなわち「何を信じ，行動するかの決定に焦点を当てた合理的で省察的な思考[8]」であり，メディア・リテラシーの根幹を支える概念である。メディア・リテラシーの定義には批判的思考に軸足をおいたものが多い。シルバーブラット（Silverblatt, A.）はメディア・リテラシーを「批判的思考の技能であり，マス・コミュニケーションから入ってくる情報を聴衆（オーディアンス）が解釈することができ，メディアの内容を自分自身で独自に判断できるような力を付けていくこと」と定義する[9]。バッキンガム（Buckingham, D.）の定義は「メディアを利用し，解釈するために必要とされる知識，技能，コンピテンシー」である。単なる機能的な技能だけを指すのではなく，批判的リテラシー（critical literacy）であり，分析，評価，批判的リフレクションなどより広範な，分析的な理解が含まれていると指摘している[10]。

　カナダでは，隣国アメリカのメディアの影響がたいへんに大きく，1960年代からマクルーハンに影響を受けた教師たちがメディア・リテラシー教育を展開している。当初，草の根運動的に始まったメディア・リテラシー教育であるが，

---

8 : Ennis, R. H. "A taxonomy of critical thinking dispositions and abilities." In Baron, J. B., & Sternberg, R. J. (Eds.) *Teaching thinking skills: Theory and practice.* New York: W. H. Freeman and Company, 1987, pp.9-26.

9 : Silverblatt, A., & Enright Eliceiri, E. M. *Dictionary of Media Literacy.* Greenwood Press London, 1997, p.48.

10 : Buckingham, D. *Media education: literacy, learning and contemporary culture.* Polity Cambridge UK, 2003.

表Ⅳ- 1　メディア・リテラシーの18の原則

1．メディア・リテラシーは重要で意義のある取り組みである。その中心的課題は多くの人が力をつけ（empowerment），社会の民主主義的構造を強化することである。

2．メディア・リテラシーの基本概念は，「構成され，コード化された表現」（representation）ということである。メディアは媒介する。メディアは現実を反映しているのではなく，再構成し，提示している。メディアはシンボルや記号のシステムである。この原則を理解せずにメディア・リテラシーの取り組みを始めることはできない。この理解からすべてが始まる。

3．メディア・リテラシーは生涯を通した学習過程である。ゆえに，学ぶ者が強い動機を獲得することがその主要な目的である。

4．メディア・リテラシーは単にクリティカルな知力を養うだけでなく，クリティカルな主体性を養うことを目的とする。

5．メディア・リテラシーは探究的である。特定の文化的価値を押し付けない。

6．メディア・リテラシーは今日的なトピックスを扱う。学ぶ者の生活状況に光を当てる。そうしながら「ここ」「今」を，歴史およびイデオロギーのより広範な問題の文脈でとらえる。

7．メディア・リテラシーの基本概念（キーコンセプト）は，分析のためのツールであって，学習内容そのものを示しているのではない。

8．メディア・リテラシーにおける学習内容は目的のための手段である。その目的は別の内容を開発することではなく，発展可能な分析ツールを開発することにある。

9．メディア・リテラシーの効果は次の2つの基準で評価できる。
　　1）学ぶ者が新しい事態に対して，クリティカルな思考をどの程度適用できるか
　　2）学ぶ者が示す参与と動機の深さ

10．理想的には，メディア・リテラシーの評価は学ぶ者の形成的，総括的な自己評価である。

11．メディア・リテラシーは内省および対話のための対象を提供することによって，教える者と教えられる者の関係を変える試みである。

12．メディア・リテラシーはその探究を討論によるのではなく，対話によって遂行する。

13．メディア・リテラシーの取り組みは，基本的に能動的で参加型である。参加することで，より開かれた民主主義的な教育の開発を促す。学ぶ者は自分の学習に責任を持ち，制御し，シラバスの作成に参加し，自らの学習に長期的視野を持つようになる。端的にいえば，メディア・リテラシーは新しいカリキュラムの導入であるとともに，新しい学び方の導入でもある。

14．メディア・リテラシーは互いに学びあうことを基本とする。グループを中心とす

　る。個人は競争によって学ぶのではなく，グループ全体の洞察力とリソースによっ
て学ぶことができる。
15. メディア・リテラシーは実践的批判と批判的実践からなる。文化的再生産（repro-
　　duction）よりは，文化的批判を重視する。
16. メディア・リテラシーは包括的な過程である。理想的には学ぶ者，両親，メディ
　　アの専門家，教える者たちの新たな関係を築くものである。
17. メディア・リテラシーは絶えざる変化に深く結びついている。常に変わりつつあ
　　る現実とともに進化しなければならない。
18. メディア・リテラシーを支えるのは，弁別的認識論（distinctive epistemology）
　　である。既存の知識が単に教える者により伝えられたり，学ぶ者により「発見」さ
　　れたりするのではない。それは始まりであり，目的ではない。メディア・リテラシ
　　ーでは，既存の知識はクリティカルな探究と対話の対象であり，この探究と対話か
　　ら学ぶ者や教える者によって新しい知識が能動的に創り出されるのである。

出典：Len Masterman. "Media Education: Eighteen Basic Principles." *MEDIACY*, 17(3),
　　1995.（宮崎寿子・鈴木みどり訳，1999年11月）

　1980年代後半にはオンタリオ州が公教育カリキュラムに取り入れるようにな
るオンタリオ州教育省は，メディア・リテラシーの基本概念として次の8つを
挙げている[11]。

　• メディアはすべて構成されたものである。

　• メディアは現実を構成する。

　• オーディアンスがメディアから意味を読み取る。

　• メディアは商業的意味をもつ。

　• メディアはものの考え方（イデオロギー）と価値観を伝えている。

　• メディアは社会的・政治的意味をもつ。

　• メディアの様式と内容は密接に関連している。

　• メディアはそれぞれ独自の芸術様式をもっている。

　こうした受け手としてのメディア・リテラシーをまずふまえたうえで，メデ
ィアの進歩により，受け手だけでなく送り手としてのメディア・リテラシーが
求められる時代になってくる。生田はメディア・リテラシーを「メディアをコ

11：鈴木みどり編『Study Guide メディア・リテラシー 入門編』リベルタ出版，2000.

ミュニケーションの送信・受信行動に活用できる力。広くは，自己をメディアにより表現し，メディアで表現されるメッセージの意味を解釈する総合的力を指す概念」と定義している[12]。水越伸の定義は「人間がメディアに媒介された情報を，送り手によって構成されたものとして批判的に受容し，解釈すると同時に，自らの思想や意見，感じていることなどをメディアによって構成的に表現し，コミュニケーションの回路を生み出していくという，複合的な能力」である[13]。赤堀[14]，菅谷[15]，鈴木[16]，斎藤[17]らの定義も受信場面での批判的思考力と受信・発信のコミュニケーションにまたがる。そこで，次に情報の受け手・送り手としてのメディア・リテラシー育成の経緯をわが国に焦点を当ててみていこう。

1.3　情報の受け手・送り手としてのメディア・リテラシー

　欧米におけるメディア・リテラシーが社会学的なアプローチによる批判的思考力育成から出発しているのに較べ，わが国では「マスコミの社会学よりも，視聴覚教育論や教育工学あるいはコンピュータ情報論に依拠する傾向が強い[18]」という。グリュンバルト宣言をきっかけとした文部行政の積極的な関与もあり，メディアについての教育が注目を浴びたといわれる。

　まず，坂元[19]はメディア・リテラシーを①メディア特性の理解力・批判能力（わかる），②メディア選択・利用能力（つかう），③メディア構成・制作能力（つくる）の3つの能力として捉え，整理を行っている（図Ⅳ-1）。このうち，Aは視聴能力あるいは情報理解，Bは利用法の理解，Cは選択利用，Dは制作法の理解，Eは組み合わせ制作，Fは構成制作とされる。

12：生田孝至「メディアリテラシー」日本教育工学会編『教育工学事典』実教出版，2000.
13：水越伸『デジタル・メディア社会新版』岩波書店，2002.
14：赤堀侃司『教育工学への招待：教育の問題解決の方法論』ジャストシステム，2002.
15：菅谷明子『メディア・リテラシー：世界の現場から』岩波書店，2000.
16：鈴木みどり編『Study Guide メディア・リテラシー 入門編』リベルタ出版，2000.
17：斎藤俊則『メディア・リテラシー』（情報が開く新しい社会9）共立出版，2002.
18：今津孝次郎「情報教育と映像メディアリテラシー」『教育學研究』68(1)，2000，16.
19：坂元昂「メディアリテラシー」後藤和彦他編『メディア教育を拓く』（メディア教育のすすめ1）ぎょうせい，1986.

〈立場〉

	特性理解・批判	選択利用	構成・制作
受け手	Aわかる		
使い手	Bわかる	Cつかう	
つくり手	Dわかる	Eつかう	Fつくる

〈能力〉　　　　　特性理解・批判　　　　選択利用　　　　構成・制作

図Ⅳ-1　メディア・リテラシーの概念

出典：坂元昂「メディアリテラシー」後藤和彦他編『メディア教育を拓く』
（メディア教育のすすめ1）ぎょうせい，1986，p.70．

　扱うメディアは物語，図表・グラフ，OHP・写真，新聞系，ラジオ，テレビ，通信電話，コンピュータであり，メディア特性は3水準で分けている。水準の1番目は要素（数・量・記号など「認知」，線・点・色など「視覚」，「聴覚」），2番目は空間（図，形など「パタン」，トリミングやレイアウトなど「配置」，文や編集など「まとめ」）と時間（動画など「動き」，モンタージュ，組み写真など「組み合わせ」，効果音・音楽など「音」），3番目は，双方向性（通信・電話，コンピュータ）であり，具体的なメディアと組み合わせて特性を捉えている。

　坂元はこれらを小学校低学年，中学年，高学年にわけ，メディア教育のカリキュラムとした（表Ⅳ-2）。メディアとしては物語，図表・グラフ，OHP・写真，新聞，ラジオ，テレビ，電信・電話，コンピュータが挙げられている。小学校高学年では「劇の効果的特性がわかる」「劇などを使って効果的な発表ができる」といった教育内容に配置し，カリキュラム開発を行っている。

　吉田は映像リテラシー育成をめざした実践を行った。目的は「映像視聴能力（わかる）」「映像活用能力（つかう）」「映像制作能力（つくる）」の育成であり，下位の能力に具体化した[20]。

　「わかる」
　　①　内容を理解して捉える力

20：吉田貞介「メディア教育の実践例-④ 総合的なメディア教育」後藤和彦他編『メディア教育を拓く』（メディア教育のすすめ1）ぎょうせい，1986．

表Ⅳ-2　メディア教育のカリキュラム表

	わかる	つかう	つくる
低学年	簡単なメディアの働きを知る	簡単なメディアを使って発表ができる	簡単なメディアが作成できる
中学年	メディアのしくみを知る	メディアを使って発表できる	メディアを作成できる
高学年	メディアの効果的な特性を知る	メディアを効果的に使って発表ができる	メディアを効果的に作成できる

出典：坂元昂「メディアリテラシー」後藤和彦他編『メディア教育を拓く』（メディア教育のすすめ1）ぎょうせい，1986，p.89.

　　②　状況や心情に反応し感じ取る力

　　③　情報を把握し表現する力

「つかう」

　　①　自分に必要な情報を選択する力

　　②　目的に合わせて情報を利用し生活に役立てる力

　　③　情報を批判的に眺め真実を見抜く力

「つくる」

　　①　現状をつかみ問題を見つける力

　　②　情報を構成し組み立てる力

　　③　自分の考えを効果的に伝達する力

　水越敏行は岡山県平福小学校など6校に及ぶ小学校・中学校・高等学校の比較・検討を行い，メディア・リテラシー育成を「総合的な学習の時間」や国語科などに時間を設ける必要性について指摘し，メディア・リテラシーの構成要素を整理している。具体的には，①メディアを使いこなす，②メディアを理解する，③メディアの読解，解釈，鑑賞，④メディアを批判的に捉える，⑤考えをメディアで表現，⑥メディアでの対話とコミュニケーションの6つである[21]。

21：水越敏行「新しい学力としてのメディア・リテラシー：その研究と実践をどう進めるか」『日本教育工学会第18回大会講演論文集』2002，97-100.

1. メディア（機器）を使いこなす（make full use of media）
   a. メディア（機器）の操作技能
   b. 複数のメディア（機器）の使い分け
   c. 複数のメディア（機器）を組み合わせる

2. メディア（マス・機器・メッセージ）を理解する（understanding the special characteristics）
   a. メディア（機器）がどんな特性を持っているか（一方向性・双方向性・即時性等）
   b. メディア（機器・メッセージ）には，どのような文法・表現技法があるか（フレーム・モンタージュ技法・音響効果・編集方法等）
   c. メディア（マス・メッセージ）は，どのような影響力をもっているか（責任・倫理）

3. メディア（マス・メッセージ）の読解，解釈，鑑賞（interpretation）
   a. 視聴能力（内容把握・主題把握・先読み・映像段落・鍵シーン・特殊効果等）
   b. 行間・背景を読む力
   c. 多角的な視点から評価することができる（価値判断含む）

4. メディア（マス・メッセージ）を批判的に捉える（critical understanding）
   a. 自分のイメージに偏った読み解きをせず，客観視することができる
   b. 送り手の信条・立場・考え方を捉えることができる
   c. 多角的な視点からクリティカルに読み解くことができる
   　（場合によっては，社会的・文化的・政治的・経済的文脈も考慮する）

5. 考えをメディア（機器・メッセージ）で表現（representaiton）
   a. 特性を考慮し，表現技法を駆使した情報発信ができる
   b. 他者の考え方を受け入れつつ，自己の考え方を創出することができる
   c. オリジナリティのある情報発信ができる（クリエイティブ・センス）

6. メディア（機器・メッセージ）での対話とコミュニケーション（dialogue and communication）
   a. 相手の解釈によって，自分の意図がそのまま伝わらないことを理解する
   b. 相手の反応に応じた情報の発信ができる
   c. 相手との関係性を深めるコミュニケーションができる

　1980年代の実践は，「学習指導要領」に記載された必修の内容ではないため，幅広く学校現場に受け入れられるには至らなかったが，今日のメディア・リテラシー育成の基礎となった。

　メディア・リテラシーは受け手・送り手の能力が含まれ，豊かなコミュニケーションを実現するためのリテラシーと言えることをみてきた。

　中橋[22]は，水越敏行を発展させ，ソーシャルメディア時代に合わせてこれらの構成要素を①メディアを使いこなす能力，②メディア特性を理解する能力，③メディアを読解，解釈，鑑賞する能力，④メディアを批判的に捉える能力，⑤考えをメディアで表現する能力，⑥メディアによる対話とコミュニケーション能力，⑦メディアのあり方を提案する能力として再構成している。メディア・リテラシーが受け手から送り手を含む概念に変わってきたことをみてきた。次節では，時代に対応して変わるメディア活用についてみていこう。

2．多様化するメディア特性

2.1　時代とともに変わるメディアの活用

　メディア・リテラシーにおけるメディアとは何を指すのか。図書があり，映画が登場し，その後ラジオ，テレビ，インターネット，ソーシャルメディア等が加わる。私たちを取り巻くメディアの環境は変わってきた。このように多様化したメディアを私たちはどのように活用しているのであろうか。まずNHKが1960（昭和35）年から5年おきに行っている「国民生活時間調査」の2020（令和2）年の結果を概観しよう。同調査では，以下の項目についてメディアの活用を調べている。

　テレビ，ラジオ，新聞，雑誌・マンガ・本，CD・テープ，ビデオ（以上マスメディア接触），趣味・娯楽・教養におけるインターネット利用（レジャー活動），メール等（会話・交際），SNSが対象となっている。メディアが多様

22：中橋雄『メディア・リテラシー論：ソーシャルメディア時代のメディア教育』北樹出版，2014．

表IV-3 行動分類（大分類自由行動のみ抜粋）

大分類	中分類	小分類	具体例
自由行動	会話・交際	会話・交際	家族・友人・知人・親戚とのつきあい、おしゃべり、電話、電子メール、家族・友人・知人とのインターネットでのやりとり
	レジャー活動	スポーツ	体操、運動、各種スポーツ、ボール遊び
		行楽・散策	行楽地・繁華街へ行く、街をぶらぶら歩く、散歩、釣り
		趣味・娯楽・教養（インターネット除く）	趣味・けいこごと、習いごと、観賞、観戦、遊び、ゲーム
		趣味・娯楽・教養のインターネット（動画除く）	趣味・娯楽としてインターネットやSNSを使う
		インターネット動画	インターネット経由の動画を見る
	マスメディア接触	テレビ	BS, CS, CATV, ワンセグの視聴も含む
		録画番組・DVD	録画したテレビ番組や、DVD・ブルーレイディスクを見る
		ラジオ	らじる★らじる、radiko（ラジコ）からの聴取も含む
		新聞	朝刊・夕刊・業界紙・広報紙を読む（チラシ・電子版も含む）
		雑誌・マンガ・本	週刊誌・月刊誌・マンガ・本を読む（カタログ・電子版も含む）
		音楽	CD・テープ・レコード・インターネット配信などラジオ以外で音楽を聞く
	休息	休息	休憩、おやつ、お茶、特に何もしていない状態

出典：NHK放送文化研究所「新しい生活の兆しとテレビ視聴の今〜「国民生活時間調査・2020」の結果から〜」2021[23]、p.4より大分類自由行動のみ抜粋

23：https://www.nhk.or.jp/bunken/research/yoron/pdf/20210801_8.pdf（参照2022-02-22).

化すると，ライフスタイルや嗜好によってどのメディアの選択に差が出てくる。そこで，年齢層ごとにテレビ，インターネットに絞ってみていこう。

　まずテレビである。表Ⅳ-4は1995年から2020年のテレビの平均時間の比較である。年代別でみると年層が高いほど視聴時間が長い。さらに，2020年と2015年で比較すると，男性では10代，30代，40代が，女性が10代から50代が，統計的に有意に視聴時間が減少している。トレンドとして「国民全体がテレビを見なくなった」のである。

　これはインターネット動画が普及したことも大きい。2015年までの「趣味・娯楽・教養のインターネット」を，2020年では「趣味・娯楽・教養のインターネット（動画除く）」と「インターネット動画」に分離して調査している。「インターネット動画」を視聴する人の率は，国民全体で平日20％，土曜・日曜20％である。男性10代と男女20代は40％であり，女性10代と男女30代は30％となった。

　次にインターネットをみていこう。2020年調査では，ソーシャルメディアなど細切れ利用されるメディアをどう測るかを含めて，大幅な見直しも検討された[24]。具体的にはWebサイトブログを見る・作成する，掲示板・SNSを見る・書き込む，ネットショッピング，オンラインゲーム等である。

　インターネットを利用する人の率は，国民全体では平日37％，土曜39％，日曜37％であり，2015年と比べると使う人の率も時間も増加している。男女年層別でみると全員平均時間では男性10代から30代，女性20代，30代が1時間を超える。

　インターネットは教育にも整備された。例えば，GIGAスクール構想である。「1人1台端末と，高速大容量の通信ネットワークを一体的に整備することで，特別な支援を必要とする子供を含め，多様な子供たちを誰一人取り残すことなく，公正に個別最適化され，資質・能力が一層確実に育成できる教育ICT環境を実現する」構想であり[25]，児童生徒がタブレットを使って勉強している。

24：渡辺洋子，吉藤昌代「調査研究ノート メディア利用行動をどうとらえるか 2020年国民生活時間調査に向けての検討：調査票に関するグループインタビューから」『放送研究と調査』68(5)，2018，62-72.

表Ⅳ-4　テレビ　全員平均時間（国民全体・男女年層別　平日・土曜・日曜）

（時間.分）		平日 '95	'00	'05	'10	'15	'20年	土曜 '95	'00	'05	'10	'15	'20年	日曜 '95	'00	'05	'10	'15	'20年
国民全体		3:19	3:25	3:27	3:28	3:18	3:01	3:40	3:38	4:03	3:44	3:47	3:35	4:03	4:13	4:14	4:09	3:57	3:38
男性	10代	2:12	2:02	2:06	1:50	1:33	0:52	2:55	2:50	3:27	2:34	2:00	1:39	3:34	3:28	2:52	2:42	2:07	1:20
	20代	2:19	2:13	2:11	1:54	1:37	1:16	2:33	2:43	2:46	2:43	1:59	0:58	3:48	3:13	2:45	2:55	1:54	1:02
	30代	2:29	2:27	2:15	2:03	1:49	1:08	3:18	3:08	2:56	2:57	2:26	2:13	4:07	3:58	3:33	3:22	2:54	2:14
	40代	2:43	2:43	2:23	2:30	2:07	1:25	3:34	3:32	3:46	3:02	3:01	2:30	4:07	4:41	3:59	3:55	3:14	2:57
	50代	3:01	2:42	2:56	3:02	2:30	2:28	3:46	3:46	4:07	4:16	4:04	3:30	4:44	4:48	5:07	4:57	4:30	3:48
	60代	4:23	4:09	4:18	4:29	3:59	3:41	4:38	4:34	4:33	4:36	4:47	5:15	5:00	5:24	5:06	5:25	5:26	5:34
	70歳以上	5:10	5:34	5:22	5:39	5:16	5:10	5:20	4:56	5:52	5:21	5:44	5:55	5:59	5:17	6:27	6:12	6:17	6:02
女性	10代	2:11	2:27	2:12	2:01	1:38	0:53	2:54	2:49	2:46	2:43	2:22	1:35	3:06	3:36	3:05	2:31	2:08	1:31
	20代	2:57	3:01	2:40	2:33	2:11	1:26	2:56	2:37	2:48	2:33	1:59	1:22	3:22	3:22	2:45	2:51	2:24	1:18
	30代	3:16	3:05	2:45	2:43	2:37	1:50	3:00	3:09	3:15	2:51	2:36	1:33	3:14	3:09	3:16	3:00	2:29	1:36
	40代	3:25	3:34	3:28	3:26	3:00	2:30	3:38	3:34	3:53	3:14	3:28	2:28	3:43	3:40	3:35	3:21	2:56	2:17
	50代	4:06	4:08	3:53	4:00	3:38	2:57	4:08	3:58	4:09	3:57	4:04	3:31	3:51	4:16	3:55	4:25	4:12	3:45
	60代	4:47	4:42	4:37	4:39	4:21	4:09	4:44	4:17	4:58	4:28	4:21	4:58	4:32	4:39	4:55	4:58	4:23	4:45
	70歳以上	5:08	5:04	5:29	5:29	5:29	5:14	5:10	5:07	5:45	4:46	5:22	5:27	5:13	5:40	5:47	4:59	5:48	5:25

注）斜体は、サンプルが100人未満で少なく、誤差が大きいので参考値
　　　2015年に比べて、統計的に有意に減少

出典：NHK放送文化研究所「新しい生活の兆しとテレビ視聴の今〜「国民生活時間調査・2020」の結果から〜」2021, p.19

25：文部科学省「GIGA スクール構想による1人1台端末環境の実現等について」https://www.mext.go.jp/content/20200605-mxt_chousa02-000007680-6.pdf（参照2022-07-25）.

表Ⅳ-5　主なメディアの平均利用時間と行為者率　（単位：分）

〈平日1日〉

		平均利用時間					行為者率（%）				
		テレビ（リアルタイム）視聴	テレビ（録画）視聴	ネット利用	新聞閲読	ラジオ聴取	テレビ（リアルタイム）視聴	テレビ（録画）視聴	ネット利用	新聞閲読	ラジオ聴取
全年代	2016年	168.0	18.7	99.8	10.3	17.2	82.6	17.8	73.2	28.5	8.3
	2017年	159.4	17.2	100.4	10.2	10.6	80.8	15.9	78.0	30.8	6.2
	2018年	156.7	20.3	112.4	8.7	13.0	79.3	18.7	82.0	26.6	6.5
	2019年	161.2	20.3	126.2	8.4	12.4	81.6	19.9	85.5	26.1	7.2
	2020年	163.2	20.2	168.4	8.5	13.4	81.8	19.7	87.8	25.5	7.7
10代	2016年	89.0	13.4	130.2	0.3	3.5	69.3	13.2	78.9	2.1	2.1
	2017年	73.3	10.6	128.8	0.3	1.5	60.4	13.7	88.5	3.6	1.4
	2018年	71.8	12.7	167.5	0.3	0.2	63.1	15.2	89.0	2.5	1.1
	2019年	69.0	14.7	167.9	0.3	4.1	61.6	19.4	92.6	2.1	1.8
	2020年	73.1	12.2	224.2	1.4	2.3	59.9	14.8	90.1	2.5	1.8
20代	2016年	112.8	17.9	155.9	1.4	16.8	70.3	18.9	92.5	6.7	5.8
	2017年	91.8	13.9	161.4	1.4	2.0	63.7	14.4	95.1	7.4	3.0
	2018年	105.9	18.7	149.8	1.2	0.9	67.5	16.5	91.4	5.3	0.7
	2019年	101.8	15.6	177.7	1.8	3.4	65.9	14.7	93.4	5.7	3.3
	2020年	88.0	14.6	255.4	1.7	4.0	65.7	13.6	96.0	6.3	3.1
30代	2016年	147.5	18.6	115.3	3.8	15.4	79.8	18.7	88.4	18.2	5.1
	2017年	121.6	15.3	120.4	3.5	4.3	76.5	15.5	90.6	16.6	2.3
	2018年	124.4	17.4	110.7	3.0	3.6	74.1	24.1	91.0	13.0	4.3
	2019年	124.2	24.5	154.1	2.2	5.0	76.7	21.9	91.9	10.5	2.2
	2020年	135.4	19.3	188.6	1.9	8.4	78.2	19.4	95.0	8.8	6.0
40代	2016年	160.5	23.2	97.7	8.0	17.2	86.4	23.3	78.4	27.8	9.3
	2017年	150.3	19.8	108.3	6.3	12.0	83.0	17.3	83.5	28.3	7.9
	2018年	150.3	20.2	119.7	4.8	16.6	79.2	18.8	87.0	23.1	7.4
	2019年	145.9	17.8	114.1	5.3	9.5	79.0	23.0	91.3	23.1	6.0
	2020年	151.0	20.3	160.2	5.5	11.7	86.2	23.0	92.6	24.1	6.0
50代	2016年	180.6	17.0	85.5	14.4	19.8	86.9	14.8	68.5	41.0	8.5
	2017年	202.0	19.1	77.1	16.3	19.5	91.7	16.1	76.6	48.1	9.1
	2018年	176.9	20.8	104.3	12.9	17.2	88.5	20.6	82.0	43.9	6.0
	2019年	201.4	22.5	114.0	12.0	18.3	92.8	21.9	84.2	38.5	12.2
	2020年	195.6	23.4	130.0	11.9	26.9	91.8	20.7	85.0	39.4	13.4
60代	2016年	259.2	18.4	46.6	25.8	23.4	92.7	15.0	41.7	55.4	14.7
	2017年	252.9	20.0	38.1	25.9	17.3	94.2	16.6	45.6	59.9	9.5
	2018年	248.7	27.3	60.9	23.1	22.8	91.6	19.7	59.0	52.8	11.7
	2019年	260.3	23.2	59.4	22.5	27.2	93.6	21.2	65.7	57.2	13.4
	2020年	271.4	25.7	105.5	23.2	18.5	92.9	22.3	71.3	53.7	12.1

出典：総務省「令和3年版情報通信白書」2021[26]

26 : https://www.soumu.go.jp/johotsusintokei/whitepaper/ja/r03/pdf/index.html （参照2022-02-22）.

2025年調査ではインターネットが児童生徒利用「拘束行動（学業）」の「授業・学外の活動」としてもカウントされるかもしれない。

　次に，テレビ，インターネットの利用を総務省の「情報通信白書」の2021（令和3）年度版でも確認してみよう。テレビは高い年層ほど視聴しているものの，視聴時間が短くなってきている。新聞も高い年層ほど読む人が多いものの，読む時間が短くなる傾向がある。インターネットは増加傾向にあり，60代も使うようになってきた。

　年層や性別によって利用するメディアには違いがあり，その選び方も変化してきていることがわかる。

　メディア・リテラシーはメディア特性を理解したうえでメディアを使いこなす能力と考えられるが，年代や性別によってそもそも普段から接触しているメディアは異なっており，メディアの活用は習慣化されている。そもそも，私たちは複数のメディアを選択して情報受信したり発信したりしているが，必ずしも適切なメディアを合理的に選択しているわけではないことを示すデータがある。「仕事やレポートなどで必要な情報を集めるため」といった信頼性の高い情報が求められる場面で，利用者が選ぶメディアはより適切と思われるメディアではなく，単に普段使い慣れているメディアだという[27]。メディアの選択にも習慣や環境が影響するのであって，必要な資料が図書館にある場合，図書館まで出向く必要があるが，普段から図書館を利用していないと選択されず，インターネットで検索して済ませてしまう，という訳である。後述するデジタル・シティズンシップでは，利用者がメディアのバランスを考えるメディアバランスという考え方があり，そのためのスキルを育成するという。

2.2　メディア・リテラシーを支えるメディア特性の理解

　前節では坂元らのメディア特性を取り上げた。ここでは，メディア特性を信頼性，速報性，簡便性，嗜好性で捉えてみたい。信頼性でみれば，図書，新聞

27：GOTOH, Y. "THE EFFECTS OF FREQUENCY OF MEDIA UTILIZATION ON DE-CISION MAKING OF MEDIA CHOICE." *Proceedings of* 11th *International Conference of Cognition and Exploratory Learning in Digital Age*, 2014, 32-38.

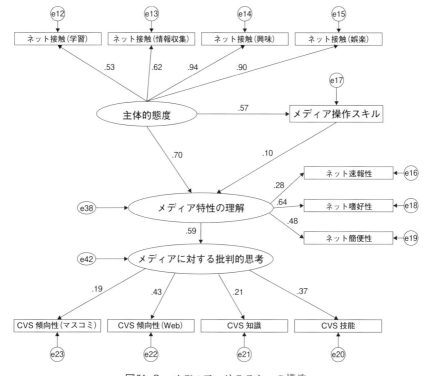

図Ⅳ-2 メディア・リテラシーの構造

出典：後藤康志「メディア・リテラシーの発達と構造に関する研究」新潟大学提出博士学位論
　文，2007，224.

は作成までに長い時間がかかり，多くの人のチェックが入るのに対して，イン
ターネットは個人が作成するのでチェックのない情報も多い。速報性では，図
書は新聞，テレビ，インターネットに較べれば及ばない。新聞，図書，テレビ，
Web で比較した研究によれば，メディアの利用経験が豊富になるに従い，メ
ディア特性をよりはっきりと見分けられるようになるという[28]。

　メディア特性の理解は，批判的思考にも影響している。図Ⅳ-2は，メディ
ア・リテラシーの構造を構造方程式モデリングで示したものである。このモデ

28：後藤康志「メディア特性に対する先有知覚の小学生から大学生までの比較」『日本教育工
　学会論文誌』32(Suppl.)，2008，61-64.

ルは，主体的にメディアを使って情報を集めようとする態度が高いと，メディ
ア操作スキルが高まり，その両者がメディア特性の理解（速報性，嗜好性，簡
便性）を高め，その結果としてメディアに対する批判的思考（マスコミや
Webへの批判的態度，知識，技能）が高まる。興味をもって使いこなし，メ
ディア特性を理解したうえで正しい情報か判断できるようになる，ということ
である。

　多様化するメディアそれぞれの特性を理解したうえで選択することが必要で
ある。英国教育省は，自らが選択したメディアの特徴を説明できることがメデ
ィア・リテラシーと関係していると指摘する[29]。

　メディアの選択は，批判的に思考しようとする態度によっても異なる。例え
ば，「仕事や学習のために必要な最新の情報を得るため」という場面設定で，
①批判的思考態度の高い者は信頼性を優先し，インターネットを優先しない，
②信頼性を優先する者は図書や新聞を選びインターネットを優先しない，③簡
便性を優先する者はインターネットを優先し，図書を優先しないといった傾向
があることがわかっている[30]。

2.3　批判的思考の認知プロセス

　メディア・リテラシーを発揮すべき状況で，人はどのように考え，行動する
のだろうか。新潟大学教育学部附属新潟小学校・片山敏郎教諭（当時）の実践
でみてみよう。この学級は1 to 1 環境であり，児童は社会科，総合的な学習の
時間を中心にiPadを使いこなしている。「高齢化率が40％となる2050年に向け
て，これから日本が採るべき長期戦略は介護ロボットを普及させるための支援
と，介護を充実させるための他の支援のどちらを重視すべきか」というテーマ
でディベートを行っていた。相手が出してきた「認知症治療の新薬がアメリカ

29： The Department for Culture, Media & Sport. Media Literacy Statement: 2001
　　A general statement of policy by the Department for Culture, Media and
　　Sport on Media Literacy and Critical Viewing Skills. http://www.culture.gov.
　　uk/PDF/mediait-2001.pdf（accessed 2014-04-01）.
30： 後藤康志「領域固有知識が批判的思考（技能）のパフォーマンス課題の達成に及ぼす影
　　響」『JCSS Japanese Cognitive Science Society』2014, 829-832.

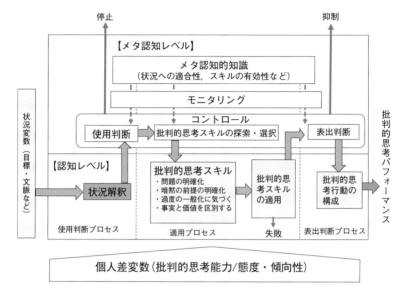

図Ⅳ-3　批判的思考の認知プロセスモデル

出典：田中優子・楠見孝「批判的思考プロセスにおけるメタ認知の役割」『心理学評論』
50(3), 2007, 264.

で開発された」という情報が正しいか確かめるために，児童は「このサイトは
信用できるよ」「このサイトの信用性はわからないね」と発話しながらブラウ
ジングしていた。なぜそのように判断できるのか問うたところ，「作成者が信
頼できそうな公的機関か，専門家かどうか」「記述内容について他のいくつか
のサイトと比較して同じか確認できるかどうか」と説明してくれた。

　この児童たちには確かなメディア・リテラシーが育っており，Society 5.0が
めざす資質・能力といえる。これを，批判的思考の認知プロセスモデル（図Ⅳ
-3）に当てはめて考えてみよう。

　情報の流れは，左から入力され，右に向かって処理・出力される。使用判断，
適用，表出判断の3つのプロセスでみていく。使用判断では，文脈はディベー
トの相手が提出した情報の正確性の判断であるため，正確性を判断するために
持ち得るスキルを使用すべき，という判断になる。メディア・リテラシーは主
体的な活動である。ここで本人がエネルギーを使って考えてみなくてとなら

なければ停止，すなわちこれ以上考えないで「それでよし」とになる。使用判断では手持ちのスキルを駆使して情報の正確性を判断することになるが，どのスキルが有効そうかを判断するのがメタ認知的知識にもとづくモニタリングである。このケースでは，最新の情報であることから図書は使えそうもないし，次のディベートは翌日であるため，専門家への問い合わせも間に合わない。そこでインターネットを使って正確性を判断することになった。

　次に適用レベルに入る。発信元の信頼性を確認したり，得られた情報をサポートする情報があるかを調べたりするといったスキルは，それまでの経験にもとづく場合もあるだろうし，その場で考えだすこともあるだろう。そして実際にスキルを適用して判断するが，もちろん失敗もありうる。

　最後に表出判断プロセスである。場合によっては表出を抑制する場合もあるが，そうでなければパフォーマンスとして，ディベートの相手に対する反駁のために使われることになる。

　メディア・リテラシーは，強い動機づけ，例えばディベートで相手を説得したいといった情意に支えられ，正しい情報か調べたり，不足した情報はないかを考えたりする学習を引き出す。メディア・リテラシーそのものを教えようとするのではなく，総合的な学習の時間や教科の学習の流れの中でメディア・リテラシーを使うとよりよく問題を解決できる場面を仕組むことが大切であることがわかる。メディア・リテラシーをいかに実践するかは，国語や数学といった予め教科書を作成して系統的に指導できる教科とは異なる戦略が必要になる。

2.4　新しい時代におけるメディア特性

　近年，「Web は信頼性が低く，図書や新聞は信頼性が高い」等と簡単には言えない状況になっている。新聞や図書が Web で読めるようになり，放送番組のネット視聴も一般化しているからである。図書とインターネット上の電子書籍が同時に発表された場合，物理的な図書とインターネットの違いは意味をなさない。こうした環境において，メディア特性として考慮したいことは何か。以下に 5 点，挙げてみたい。

①論理的記述

　論理的な記述に適したメディアか，そうでないか。論理性のある文章は一定の長さが必要であり，その代表が図書（以下，電子的な図書含む）であろう。一方，Twitter のように百数十字程度（2022年9月現在）では伝えられる内容はきわめて限られる。読者層をある程度想定し，まえがき等で示した後で順々に論述できる図書に較べて，Twitter は誰が読むかもわからない。このため，読み手に誤解が生じる可能性が高くなる。新聞（以下，Web 化された新聞含む）でも記事自体を短縮して Web 化する場合と，全文を掲載する場合があり，後者はどうしても紙よりは読みにくくなる。

②映像の訴求性

　映像による訴求性のあるメディアか，そうでないか。テレビのニュースになるか，ならないかは，訴求力のある映像の有無によると言われる。先の大戦末期，硫黄島においてアメリカ海兵隊員が星条旗を掲げた写真は，アメリカ国民を熱狂させるのに十分であった[31]。映像はその訴求力ゆえに特定の意図をもって使われる場合もあり，故意に事実と異なる編集や加工をされた映像が使われることも想定する必要がある。

③再現可能性

　発信された情報をいつでも再現できるメディアか，そうでないか。図書や新聞，雑誌は，手元にあり，いつでも情報の確認（再現）が可能である。一方，Twitter や Web のようにいつでも削除できて再現ができなくなるメディアもある。後者は故意に誤った情報を広めようとする際に使われることがある。

④情報源の特定可能性

　情報の発信者を特定できるメディアか，そうでないか。Web やソーシャルメディアでは匿名なため，情報源を確定できない場合がある。匿名だから信頼

31：梯久美子『散るぞ悲しき：硫黄島総指揮官・栗林忠道』新潮社，2005.

できないということはないが，匿名性を悪用して故意に事実と異なる情報を流布するケースもみられる。もちろん，図書でも情報の発信者が特定できない場合もありうる。

⑤伝達過程の透明性

　情報がどこで作成され，編集されて提供されているかがユーザーから見えるメディアか，そうでないか。情報の公開をどの範囲で行えるか設定できるものがあるが，ソーシャルメディアや Web では公開する意図がないものが公開されてしまったり，設定した範囲に公開したくない相手がいることに気づかなかったりすることがある。

　人びとがこうしたメディア特性をどう理解するのか，それが批判的思考にどう活かされるのか，今後研究が必要だろう。

3．メディア・リテラシーの授業設計と評価

3.1　教育課程におけるメディア・リテラシー育成

　「学習指導要領」はわが国の学校における教育課程（端的に言えば教育の計画）の基準を示すもので，おおむね10年ほどで改訂される。2017(平成29)年告示の「学習指導要領」でメディア・リテラシーに関係が深いのは情報活用能力（情報モラルを含む）である。情報を受信したり，発信したりする学習はすべての教科で行われることであり，すべての学習の基盤となる資質・能力である。特定の教科ではなく，教科横断的に取り組む必要がある。情報活用能力の内容は，以下のとおりである[32]。

32：文部科学省「小学校学習指導要領（平成29年告示）解説　総則編」2017, p.51, https://www.mext.go.jp/component/a_menu/education/micro_detail/__icsFiles/afieldfile/2019/03/18/1387017_001.pdf（参照2022-02-22）.

（知識・技能）

情報と情報技術を活用した問題の発見・解決等の方法や，情報化の進展が社会の中で果たす役割や影響，情報に関する法・制度やマナー，個人が果たす役割や責任等について，情報の科学的な理解に裏打ちされた形で理解し，情報と情報技術を適切に活用するために必要な技能を身に付けていること。

（思考力・判断力・表現力等）

様々な事象を情報とその結びつきの視点から捉え，複数の情報を結びつけて新たな意味を見出す力や，問題の発見・解決等に向けて情報技術を適切かつ効果的に活用する力を身に付けていること。

（学びに向かう力・人間性等）

情報や情報技術を適切かつ効果的に活用して情報社会に主体的に参画し，その発展に寄与しようとする態度等を身に付けていること。

　例えば「様々な事象を情報とその結びつきの視点から捉え，複数の情報を結びつけて新たな意味を見出す」学習活動は，通常の教科学習の中でも行われている。豊臣秀吉が行った刀狩りや太閤検地，身分統制令などは，断片的な知識に終わらせず，武士の支配体制確立のしかけとして統合的に理解する必要がある[33]。先に述べた「これからの介護をどう考えるか」といった総合的な学習の時間では，より今日的課題に即して対立する情報を批判的に検討することになる。

　このように，情報活用能力や情報モラル教育，メディア・リテラシーは教育課程全体を通して取り扱うことになる。例えば，国語では「意見を聞き合って考えを深め，意見文を書こう」という単元[34]がある。まず教材文を読み，「どんな未来にしていきたいか」を書き出したあとで，考えの根拠となる情報を，学校図書館やインターネットで調べていく。そこでは，インターネット，図書

33：東京大学 CoREF「協調学習授業デザインハンドブック 第2版：知識構成型ジグソー法を用いた授業づくり」2017, http://coref.u-tokyo.ac.jp/newcoref/wp-content/uploads/2017/05/handbook2_all.pdf（参照2022-02-22）.

34：光村図書「小学校国語　年間指導計画・評価計画資料」http://www.mitsumura-tosho.co.jp/kyokasho/s_kokugo/keikaku/index.html（参照2022-02-22）.

を読み比べ，必要な情報を要約し，引用のルールについても学ぶ。自分の考え
と異なる相手に伝わるように構成を工夫したり，説得力のある意見文になるよ
うに工夫したりする。社会科では，「情報とわたしたちのくらし」という単
元[35]があり，テレビやラジオ，新聞が送り出す情報が国民生活に大きな影響を
与えていることや，情報を発信する側に求められる役割や責任，受け取る側の
判断力の必要性などを学ぶ単元がある。そこでは，メディアの特性について比
較したり，テレビニュースの制作過程について調べたり，一つの出来事につい
て複数の新聞を読み比べ，情報を受け取る側としてどんなことに気をつけるべ
きかを学ぶ。これなどはメディア・リテラシーそのものといってもよいだろう。

　NHK は放送教育番組「メディアタイムズ」を制作・配信している。フェイ
クニュースの見分け方やテレビが伝える事実と真実，何を選んで報じるかなど，
どの教師でも指導できるよう工夫されている[36]。

　デジタル表現研究会（通称 D-Project）など教師による研究会の活動も行われ
ている。既存の教科の中でメディアによる表現の実践が蓄積されているが，CM
や SNS の特性について学ぶ学習などはメディア・リテラシーと関係が深い[37]。

3.2　情報モラルとデジタル・シティズンシップ教育の実践

　次に，情報モラル教育の実践を手がかりに考えてみたい。

　インターネット上での誹謗・中傷，情報の漏洩，詐欺など喫緊の課題に対応
するための教育が情報モラル教育である。情報モラルとは，「情報社会で適正
な活動を行うための基になる考え方と態度」と定義される[38]。具体例としては
「他者への影響を考え，人権，知的財産権など自他の権利を尊重し情報社会で
の行動に責任をもつことや，犯罪被害を含む危険の回避など情報を正しく安全

35：同上.
36：日本放送協会「NHK for School」http://www.nhk.or.jp/school/
37：佐藤幸江「既存の教科におけるメディア・リテラシー教育」中橋雄編著『メディア・リテ
　　ラシー教育：ソーシャルメディア時代の実践と学び』北樹出版，2017.
38：文部科学省国立教育政策研究所「情報モラル教育実践ガイダンス：すべての省・中学校で，
　　すべての先生が指導するために」2011，p.1，http://www.nier.go.jp/kaihatsu/
　　jouhoumoral/guidance.pdf（参照2022-02-22）.

に利用できること，コンピュータなどの情報機器の使用による健康との関わりを理解すること」が挙げられる。

　内容としては，2領域（心を磨く領域・知恵を磨く領域）・5分野（情報社会の倫理，法の理解と遵守，公共的なネットワーク社会の構築，安全への知識，情報セキュリティ）とされ，指導事項が示されている。

　各教科，道徳，総合的な学習の時間，特別活動などの場面で，情報モラル教育の内容を網羅することが期待される。情報モラルに関する指導は，道徳科や特別活動のみで実施するものではなく，各教科等との連携や，さらに生徒指導との連携も図りながら実施することが重要である。情報モラル教育の進め方として，①子どもたちの実態の把握や整理，②年間指導計画の作成，③指導方法の検討，④実際の指導と評価というステップが推奨されている。

　今度・稲垣[39]は情報モラル教育の具体的な授業プランを公開しているが，それをみると特別活動や情報，社会科，保健体育などと関連させて「動画サイトで気をつけること「インターネット上での安全なやりとり」「インターネットを利用する時のルール」などを位置づけている。「スマートフォンのポジティブな使い方」や「情報の信頼性・信憑性」「文字によるコミュニケーション」などメディア・リテラシーと情報モラル教育との関連は深い。

　今度らは情報モラルの教育内容と前述の中橋[40]のメディア・リテラシーの構成要素と指導内容を関連づけて授業プランを整理しており，情報モラル教育には危険回避のための啓発教育だけではなく，より良い情報の使い手の使い手となるためのポジティブな側面があることを強調している。

　さて，デジタル・シティズンシップについてみてみよう。デジタル・シティズンシップは「デジタル技術の利用を通じて，社会に積極的に関与し，参加する能力のこと」である[41]。

39：今度珠美，稲垣俊介著，原克彦，前田康裕監修『スマホ世代の子どものための主体的・対話的で深い学びにむかう情報モラルの授業』日本標準，2017．

40：中橋雄『メディア・リテラシー論：ソーシャルメディア時代のメディア教育』北樹出版，2014．

41：坂本旬「欧州評議会「デジタル・シティズンシップ教育研修資料集」」2020　https://note.com/junsakamoto/n/nb09deb70a86a（参照2022-07-26）．

表Ⅳ-6　情報モラルの指導内容

分野	校種	学年	指導事項
情報社会の倫理	小	低	約束や決まりを守る
		中	相手への影響を考えて行動する
		高	他人や社会への影響を考えて行動する
	中	全	情報社会における自分の責任や義務について考え，行動する
	小	低	人の作ったものを大切にする心をもつ
		中	自分の情報や他人の情報を大切にする
		高	情報にも，自他の権利があることを知り，尊重する
	中	全	個人の権利（人格権，肖像権など）を尊重する
			著作権などの知的財産権を尊重する
法の理解と遵守	小	低	生活の中でのルールやマナーを知る
		中	情報の発信や情報をやりとりする場合のルールやマナーを知り，守る
			何がルール・マナーに反する行為かを知り，絶対に行わない
			「ルールや決まりを守る」ということの社会的意味を知り，尊重する
			契約行為の意味を知り，勝手な判断で行わない
	中	全	違法な行為とは何かを知り，違法だとわかった行動は絶対に行わない
			情報の保護や取り扱いに関する基本的なルールや法律の内容を知る
			契約の基本的な考え方を知り，それに伴う責任を理解する
公共的なネットワーク社会の構築	小	中	協力し合ってネットワークを使う
		高	ネットワークは共用のものであるという意識を持って使う
	中	全	ネットワークの公共性を意識して行動する
		低	大人と一緒に使い，危険に近付かない
			不適切な情報に出合わない環境で利用する

安全への配慮	小	中	危険に出合ったときは，大人に意見を求め，適切に対応する
			不適切な情報に出合ったときは，大人に意見を求め，適切に対応する
		高	予測される危険の内容がわかり，避ける
			不適切な情報であるものを認識し，対応できる
	中	全	安全性の面から，情報社会の特性を理解する
			トラブルに遭遇したとき，主体的に解決を図る方法を知る
	小	低	知らない人に連絡先を教えない
		中	情報には誤ったものもあることに気付く
			個人の情報は，他人にもらさない
		高	情報の正確さを判断する方法を知る
			自他の個人情報を，第三者にもらさない
	中	全	情報の信頼性を吟味できる
			自他の情報の安全な取り扱いに関して，正しい知識を持って行動できる
	小	低	決められた利用の時間や約束を守る
		中	健康のために利用時間を決め守る
		高	健康を害するような行動を自制する
			人の安全を脅かす行為を行わない
	中	全	健康の面に配慮した，情報メディアとのかかわり方を意識し，行動できる
			自他の安全面に配慮した，情報メディアとのかかわり方を意識し，行動できる
情報セキュリティ	小	中	認証の重要性を理解し，正しく利用できる
		高	不正使用や不正アクセスされないように利用できる
	中	全	情報セキュリティの基礎的な知識を身に付ける
	小	高	情報の破壊や流出を守る方法を知る
	中	全	基礎的なセキュリティ対策が立てられる

出典：文部科学省 国立教育政策研究所「情報モラル教育実践ガイダンス：すべての省・中学校で，すべての先生が指導するために」p.3より抜粋

　デジタル・シティズンシップの実践では，「自分のメディアバランスを見つけよう（メディアバランス）」「あなたは個人情報をどう守る？（プライバシーとセキュリティ）」「ネットいじめと行動する人（ネットいじめ，オンライントラブル）」「ゲームにおけるコミュニケーション（対人関係とコミュニケーション）」「ヘイトスピーチとどう向き合うか（ニュース・メディアリテラシー）」がある[42]。

　「自分のメディアバランスを見つけよう（メディアバランス）」では，単元目標が「ふだんの生活で，どのようにメディアとのバランスをとっているかを振り返ったり，動画「私のメディアバランスを見つけよう」を視聴したりすることを通して，「メディアバランス」の意味や，どのようにすればバランスがとれるのかを考えることができるようにする。また，健康とバランスのとれたメディア利用のための計画を作り，自身の行動の見通しをもつことができるようにする」となっている[43]。

　また，デジタル・シティズンシップ教材は経済産業省の STEAM ライブラリー（https://www.steam-library.go.jp/）でも入手可能である。

3.3　体系的なメディア・リテラシー育成に向けて

　GIGA スクール構想で児童生徒が ICT 環境で学ぶようになってきた現在，メディア・リテラシー育成を教育課程で明確に位置づけて実施する必要がある。

　デジタル・シティズンシップには「ヘイトスピーチとどう向き合うか（ニュース・メディアリテラシー）」などメディア・リテラシー育成の項目がある。ねらいは「ヘイトスピーチや，表現の自由について理解する。オンラインのヘイトスピーチに対して，自分はどのように行動できるかを考えることができる。メディア・リテラシーは，情報を疑うだけでは不十分であり，自身の思い込みや感情と距離を持って情報を分析することや，正確な知識を持つことが必要であることを理解する。傍観者が行動することで，状況を変えられることを理解

42：坂本旬他著，たきりょうこ漫画『デジタル・シティズンシップ プラス：やってみよう！創ろう！善きデジタル市民への学び』大月書店，2022.
43：同上，p.51.

する」である[44]。

　日本では2000年からメディア・リテラシーのプロジェクトがあった。東京大学大学院情報学環メルプロジェクトと日本民間放送連盟が展開した民放連メディアリテラシー・プロジェクトである[45]。教育研究，メディア研究，メディア制作，ジャーナリズム，教育実践といった幅広い領域をカバーした取り組みであり，2001（平成13）年に長野県で行われた取り組みはテレビ信州，須坂高校，長野西高校，清水学童クラブなどが参加した。3分の紹介番組を制作していくものであるが，学校，放送局がそれぞれ対等に関わりながら制作を進めていった。プロジェクトそのものは終了したが，得られた知見はその後のメディア・リテラシー実践に生かされることになったという。

　こうした取り組みも参考にしながら，体系的な指導の試みについて，新教科の開発とルーブリックの例を紹介しよう。

　まず，新教科の開発である。京都教育大学附属桃山小学校では2011（平成23）年度から文部科学省研究開発指定（平成27年度以降は教育課程特例措置校指定）を受けて新教科「メディア・コミュニケーション科」の開発を行ってきている[46]。

■メディア・コミュニケーション科で子どもに育てたい力
　①相手を意識する力：相手の存在を意識し，その立場や状況を考える力
　②メディアを選ぶ力：メディアの持つ特性を理解し，必要に応じて得られた情報を取捨選択する力
　③批判的に思考する力：批判的に情報を読み解き，論理的に思考する力
　④目的に合わせてメディアを活用する力：情報を整理し，目的に応じて正しくメディアを活用していく力
　⑤責任をもって発信する力：情報が社会に与える影響を理解し，責任を

44：同上，p.127.
45：山内祐平『デジタル社会のリテラシー：「学びのコミュニティ」をデザインする』岩波書店，2003.
46：浅井和行「新教科としてのメディア・リテラシー教育」中橋雄編著『メディア・リテラシー教育：ソーシャルメディア時代の実践と学び』北樹出版，2017.

持って適切な発信表現が出来る力[47]

　この新科目で目標としているのは「メディア特性の理解（文字・映像・音声といったメディア一つひとつの長所短所の理解）」「批判的読み解き（相手からの情報を共感的に理解したうえで，適切な根拠にもとづいて客観的論理的に読み解き判断すること）」「整理・活用と自分の考えの構築（一つの情報に縛られず，複数の情報をもとに自らの考えを構築すること）」「相手を意識した伝え合い・深めあい」であり，メディア・リテラシーそのものと言える。

　次に，ルーブリックによるアプローチである。ルーブリックは，学習者に何を身につけてほしいかを示す規準と，達成しているレベルを示す基準からなるものである。ここで紹介したいのは高等教育で導入されている AAC&U（Association of American Colleges and Universities）の VALUE ルーブリック（Valid Assessment of Learning in Undergraduate Education）である。オーラルコミュニケーション，市民参加，情報リテラシー，量的分析リテラシーなど15ほどのルーブリックが公開されているが，卒業時に学生がもつべき資質・能力を１枚で示している点に特徴がある。複数の大学のルーブリックをもとに共同開発された抽象度の高いメタ・ルーブリックであり，直接採点可能なルーブリックにローカライズすることを前提としている[48]。メディア・リテラシーと関連が深いのは批判的思考，情報リテラシー，問題解決など複数存在するが，情報リテラシーをみてみよう。規準は①必要とされる情報の範囲の決定，②必要な情報へのアクセス，③情報と情報源の批判的検討，④特定の目的のもとでの情報の効果的活用，⑤倫理的・法的な情報のアクセスと活用が挙げられている[49]。基準は４段階設けられており，「情報と情報源の批判的検討」では最上級

47：京都教育大学附属桃山小学校 Web サイト http://www.kyokyo-u.ac.jp/MOMOSYO/kennkyuu-gennzai.html#monbukagakudaizinsyou（参照2018-08-31）.

48：松下佳代「パフォーマンス評価による学習の質の評価：学習評価の構造の分析にもとづいて」『京都大学高等教育研究』⒅，2012，75-114.

49：American Association of Colleges and Universities. VALUE Rubrics - Information Literacy, Information Literacy VALUE Rubric. https://www.aacu.org/value/rubrics/information-literacy（accessed 2014-04-01）.

のキャップストーンは「体系的に方法論的に徹底して自己と他者の前提を分析し，文脈の妥当性を慎重に評価した上で見解を示す」であり，その下のマイルストーンでは「見解を示す際に，自己と他者の前提について関連する文脈を同定している」といった具合である。抽象度が高いため，このまま評価には利用できないため，科目に応じてより詳しく望ましい学習者の行動として示す必要があるが，全体としてめざす姿が共有できる利点がある。

　メディア・リテラシーそのものではないが，稲垣らの「学びの質」ルーブリックも参考になる[50]。例えばインターネットでいえばWebの判断（サイトの種類，信頼性，新しさ）をみると，熟達者は「作成者の意図や立場を踏まえて情報の信頼性を総合的に評価する」，上級者は「複数のサイトから情報源の信頼性を評価する」，中級者は「作成者や更新日から信頼性を判断する」，初心者は「使えそうなサイトを選ぶ」となっている。このルーブリックを現職教員と児童に示して自己評価してもらったところ，規準，基準ともに了解可能で児童一人ひとりが自己評価もできることがわかっている[51]。

　ルーブリックはカリキュラム・マネジメントのツールとしても有効である。メディア・リテラシーのように教科横断的に育む資質・能力は，数学や国語と違って最終的にどこをめざすのかが曖昧になりがちである。例えば卒業段階で身につけるべき資質・能力をメタ・ルーブリックで示せば，今自分が担当している児童生徒にどこまで求めるべきかが見えやすくなるからだ。

3.4　メディア・リテラシーの評価

　メディア・リテラシーは数学や国語のように体系的で正誤が明確でなく，達成・未達成が曖昧といわれる[52]。メディア・リテラシーの評価は多様であるが，ここでは評定尺度法による自己評価とルーブリックによる評価を挙げてみよう。

50：稲垣忠「つくろう！情報活用型授業」http://ina-lab.net/special/joker/pbl/（参照2022-02-22）.

51：後藤康志，稲垣忠，豊田充崇・松本章代「「学びの質」ルーブリックによるカリキュラム・マネジメントの試み」『日本教育工学会研究報告集』17(2)，2017，79-82.

52：後藤康志「第2章　能力測定に関する研究」中橋雄編著『メディア・リテラシーの教育論：知の継承と探究への誘い』北大路書房，2021.

　まず，評定尺度法による自己評価では，質問項目に対するあてはまりを5段階などによって聞くものである。

　　①新聞記者が集めた情報は，全て記事になる。
　　②テレビの同じ場面で，音楽（BGM）が変わっても受ける感じはそれほど変わらない。
　　③同じ番組は誰がみても同じように理解される。
　　④コマーシャルでは，よく売れるように商品のイメージを強調している。
　　⑤テレビで放送されたことが新しい流行になることがある。
　　⑥テレビや新聞がどう情報を伝えるかによって人々のものの考え方は大きく変わる。
　　⑦テレビを見ていて，大げさな表現をしていると感じるときがある。
　　⑧テレビや新聞をみていて伝え方が公平ではないと思うことがある。
　　⑨本に書いてあったことが大げさだと思ったことがある。[53]

　評定尺度法による自己評価は，合計得点を計算して，他の尺度（例えば態度や能力）との関係を調べたり，グループごと（年代，学習の有り・無し）の違いを調べたりするのに便利である。

　次にルーブリックによる評価である。前項でみたメタ・ルーブリックは卒業までで1枚など包括的なものであるが，ここでいうルーブリックは授業で身につけさせたい資質・能力が備わっているかをみるものである。課題を設定し，それに対してどの程度期待する姿がみられたかで評価するが，課題が学習活動そのものである場合と，特別な課題（パフォーマンス課題と呼ぶ）を与えることもある。後者は条件を揃えて測定することができるので，学習の評価だけでなく，年代ごとの違いや学習の効果をグループ間で比較するときに役立つ。

　例えば，後藤[54]のパフォーマンス課題は，ダイエット食品のオンライン広告を見て購入しようか迷っている友達に，その情報の信頼性を確かめるにはどの

53：後藤康志「メディア・リテラシー尺度の作成に関する研究」『日本教育工学会論文誌』29（Suppl.），2006，77-80.

ような情報が必要か，それを得るためにはどのような方法で情報を集めるべき
かを答えてもらうものである。内容・方法それぞれにルーブリックを用いて評
価する。

S：内容と，それで何が知りたいかが具体的にわかり，信じられるかどう
　　か確かめる工夫がある。
A：内容と，それが何を知りたいかが具体的にわかる。
B：内容は書いてあるが，それで何を知りたいか読み取れない。
C：内容について書いていない。

　このルーブリックの教師による評価と学習者自身の自己評価の相関は内容・
方法とも高かった[55]という。自分がよく知っている分野の問題のほうがより有
利とも考えられることから，同じ構造の問題を自分の得意な分野で作問させ，
回答できるか（ダイエット食品をゲームソフトに置き換えて回答するなど）な
どの方法も提案されている[56]。

3.5　メディア・リテラシー育成の課題

　最後に，メディア・リテラシー育成の課題を述べる。
　第1に，得られた情報は一部にすぎないことに気づかせることである。マス
ターマンは，メディアが伝えるのは現実ではなく，切り取られ再構成されたも
のだと指摘する。図書や新聞，テレビはもちろん一部を切り取っているが，ス
マートフォンで見るネットのニュースなどになると画面に表示される文字が限
られることから断片的な情報となり誤解を生みやすい。Twitter では切り取り
による誤解がさらなる誤解を呼んで不毛なやり取りがなされることがある。イ

54：後藤康志「メディア・リテラシーの発達と構造に関する研究」新潟大学提出博士学位論文，
　　2007．
55：後藤康志，丸山裕輔，間嶋雅樹，雑賀真澄「メディアに対する批判的思考（技能）ルーブ
　　リックを用いた自己評価」『日本教育工学会論文誌』37(Suppl.)，2013，25-28．
56：後藤康志「領域固有知識が批判的思考（技能）のパフォーマンス課題の達成に及ぼす影
　　響」『JCSS Japanese Cognitive Science Society』2014，829-832．

ンターネットの普及により受け手としても送り手としても，現実の何がどう切り取られ，何を切り取るのかに注意を払い続ける必要性は増している。

　第2に，判断保留に耐えるようにさせることである。流れてきたニュースが真実なのかフェイクニュースなのかの判断は，たいへん難しいことがある。中橋[57]は，NHKメディアタイムズ「フェイクニュースを見抜くには」を活用して「地震で動物園の檻が壊れ，ライオンが逃げた」といったフェイクニュースの嘘を「見抜くコツ」について学習させた報告がある。見抜く方法は，片山実践（本章2.3参照）でも子どもたちが採ったものと共通しており，情報源を確認したり，その情報を支持する他の情報を確認したりするということになるが，これらの方法だけで真偽が判断できるとは限らない。場合によっては判断保留という「わからない状況」に耐えることで，誤った情報を自分が拡散することを回避できるかも知れない。

　第3に，自分と異なる意見に意図的に触れるようにさせることである。検索エンジンの学習機能によって，利用者が好ましいと思う情報ばかりが表示され，望まない情報が見えなくなる状況（自らの作り出したフィルターで泡のように包まれることからフィルターバブル等とも呼ぶ）となりやすい。一つの事実を多角的に捉えるためには，敢えて自分と意見の異なる人の情報に積極的に触れることが自らの情報発信に批判的になるためにも重要である。

　メディア・リテラシーは生涯にわたって続く学びであり，いつからでも始められるし，いつまでも続く。まずは学校教育で基本的な資質・能力を身につけることが望まれるが，学校を卒業した後も心がけていく必要がある。

57：中橋雄「メディア・リテラシーを育む実践における対話の分析」『日本教育工学会第34回講演論文集』2018，877-868.

V

教育における ICT 活用

　説明や提示での教師による情報メディア活用に加えて，今日では，ICT 機器を手にした学習者自身が，感じたことや発見したことを，その場でリアルタイムに記録し，さらに表現し合うようになった。情報メディア活用の主体が，教える側に偏ることなく，むしろ学ぶ側にとっても日常的になったと言える。情報化が進む社会情勢の影響だけでなく，世界的に進む教育・学習に関わる改革が，教育における多様な ICT 活用を促してきた。今後，ICT 活用を想定せずに，教え方，学び方の充実を考えることはできない状況にある。

　本章では，これからの社会で活躍するために必要となる資質・能力や教育・学習のあり方を整理したうえで，学校に求められる ICT 環境，教師の専門的力量としての情報メディア活用，そして情報教育の歩みについて解説する。

1．時代に応える資質・能力と情報メディア活用

　狩猟社会，農耕社会，工業社会，情報社会に続く社会像として Soceity5.0 が提唱されたように，今後，AI のような画期的な技術革新に導かれる社会変革が続くと予想される。キー・コンピテンシーや21世紀型スキルは，社会や仕事の変化に対応できる能力として，国際的なコンセンサスを得た代表的なものであり，各国の教育政策に影響を与えてきた。わが国においても，「学習指導要領」（文部科学省，小学校・中学校：平成29年，高等学校：平成30年）や Soceity5.0 に向けた人材育成（文部科学省，平成30年）の提唱等，高度に複雑化・多様化する社会に対応する取り組みが推進されている。

　本節では，OECD によるキー・コンピテンシーと学びの羅針盤，そして ATC21S による21世紀型スキルを紹介し，学校教育に期待される学習や資質・

能力，そしてそこで求められる情報メディア活用について整理する。

1.1 キー・コンピテンシーとラーニング・コンパス

　グローバリゼーションや科学技術イノベーションが急速に進展する今日，複雑で，予測困難な問題を解決する能力が求められるようになり，従来のテストでも測定しやすい知識等のほかに，思考力，コミュニケーション能力，リーダーシップ，交渉能力等を高める重要性が認識されるようになった。ただし，これらの能力は，互いに関連し合うものであり，またカテゴリ分類の方法も多様にあり，それぞれの国や地域で注目されてきたものの，国際的な検討は遅れていた。この状況を切り拓いたのが，経済協力開発機構（OECD）による DeSeCo プロジェクト（Definition and Selection of Competencies: Theoretical and Conceptual Foundations［コンピテンシーの定義と選択：その理論的・概念的基礎］）である。1997年から2003年までの期間に，複数の国や組織が連携し，また複数の専門領域の人びとが参加した協議を経て，国際標準としてのキー・コンピテンシー（鍵となるコンピテンシー）を示した。

　DeSeCo では，多種多様に想定されるコンピテンシーから，キーと評価できるものを選定するために，以下の基準が設定された。

- 学習可能であり，ある程度，教育可能であること
- 個人にとって（就業，収入，健康，文化的生活など）そして社会にとって（経済生産性，結束，人権，平和，平等，環境の持続など），高い価値が認められる結果につながること
- さまざまな文脈において，重要で複雑な要求や課題に有用であること
- すべての人びとにとって重要であること
- メタ認知，創造力，批判的思考など，高次のスキルを含むこと

　検討の結果，表Ⅴ-1に示すように「社会的に異質な集団での交流」「自律的に活動すること」「相互作用的に道具を用いること」の3つのカテゴリがキー・コンピテンシーとして整理された。キー・コンピテンシーでは，直面する文脈上に存在する複雑な課題に対して，カテゴリを超えて相互に関連させた総合的な能力の発揮を想定している。あるプロジェクトに参画する場合，そのプ

表V-1　DeSeCo キー・コンピテンシー

キー・コンピテンシー	関連する能力
社会的に異質な集団での交流 多様な背景をもつ人びとと助け合う関係をもつ必要がある。自分にとって異質な集団の中でも円滑な人間関係を構築し，他人と交流し，さまざまな経歴をもつ人と出会ってゆくことが重要	• 共感し，感情や気分へ対処するなど，他者とうまく関わる能力 • 共通の目的に向かって，仕事を進める能力 • 交渉を通して，合意形成する能力 • 対立を処理し，解決する能力
自律的に活動すること 自分の生活や人生について責任をもって管理，運営し，自分たちの生活を広い社会的背景の中に位置づけ，自律的に動く必要がある	• 大局的な視点から，あるいは文脈上の視点から自分で判断し，社会に対して責任をもって行動する能力 • 人生計画を豊かにする個人的なプロジェクトを設計し，実行する能力 • 自らの権利，利益，限界を守ったり，主張したりする能力
相互作用的に道具を用いること 言語，情報，知識のような社会文化的な意味を含む道具と機械やコンピュータ等の物理的な道具の両方を，周辺との相互作用に活用できる必要がある	• 言語，シンボル，テクストを相互作用的に用いる能力 • 知識や情報を相互作用的に用いる能力 • ICT 等の技術を相互作用的に用いる能力 • 確立される相互作用の見通しや効果を認識する能力

出典：ドミニク・S.ライチェン「第3章　キー・コンピテンシー：人生の重要な課題に対応する」ドミニク・S.ライチェン，ローラ・H.サルガニク編著，立田慶裕監訳，今西幸蔵他訳『キー・コンピテンシー：国際標準の学力をめざして：OECD DeSeCo：コンピテンシーの定義と選択』明石書店，2006．をもとに筆者作成

ロジェクトの性質，方向性等をふまえ，自分の担当する内容や範囲を見極め，責任をもって能動的に活動することが求められる（自律的に活動すること）。その活動においては，言葉やICTを用いて意見，経験知，技術を交換し合いながら（相互作用的に道具を活用すること），所属，職業，年齢等が異なる人びとと，時には意見の対立を調整しながら協働すること（社会的に異質な集団での交流）でプロジェクトの目的を達成させてゆく能力の発揮が求められている。

　前述のコンピテンシーの発揮は，省察（振り返り）を前提としていることも，

図Ⅴ-1　OECD 学びの羅針盤

出典：OECD Future of Education and Skills 2030, Conceptual learning
framework, OECD Learning Compass 2030, OECD, 2019, p.6.

DeSeCo キー・コンピテンシーの特色である。参画しているプロジェクトの進
捗状況を大局的そして客観的に評価しながら，自身の能力やその活用の仕方を
振り返ることで，次の活動に反映させる姿勢や能力が常に求められている。
　2015年から OECD では，「教育とスキルの未来2030年プロジェクト」をスタ
ートさせ，時代の変化に応えるための DeSeCo キー・コンピテンシーの再定義，
またカリキュラムや教育実践の参考となる具体的イメージの提案に取り組んで
いる[1,2,3]。2015～2018年のフェーズ１では，30を超える国々から，政策立案者
や研究者以外にも，校長，教師，生徒，そして民間団体など，教育に係る多様

1：文部科学省初等中等教育局教育課程課，秋田喜代美他「OECD ラーニング・コンパス
　（学びの羅針盤）2030」https://www.oecd.org/education/2030-project/teaching-
　and-learning/learning/learning-compass2030/OECD_LEARNING_COM-
　PASS_2030_Concept_note_Japanese.pdf
2：白井俊『OECD Education2030プロジェクトが描く教育の未来：エージェンシー，資
　質・能力とカリキュラム』ミネルヴァ書房，2020.

な立場や属性のメンバーが参加し，2030年に想定される社会のビジョン，そして そのビジョンを実現させる学習者像やコンピテンシーについて検討された。 2019〜2022年のフェーズ2では，教師に求められるコンピテンシーも検討の対 象とされ，教授法・評価法や教員養成・教員研修について議論されている。

　図V-1のラーニング・コンパス（学びの羅針盤）2030は，フェーズ1の成 果として2019年5月に公表された同名のレポートに示されたものであり， VUCA（不安定，不確実，複雑，曖昧）の度合いが進むとされる社会において， より良い方向に変化させることのできるコンピテンシーの獲得をめざす学習の 枠組みを示したものである。図の左下に描かれた生徒エージェンシー（Stu- dent Agency）は，目標を設定し，振り返りながら，責任をもって行動する能 力とされ，左上に描かれた仲間，教師，親，地域社会との協働を通して，図の 右上の“社会で共通にめざすべきより良いあり方（Well-being）”への指向が 示されている。

　円の中心部には，学びの中核的な基盤として知識（Knowledge），スキル （Skills），態度（Attitudes），価値（Values）が位置づけられている。また， その外周に「より良い未来の創造に向けた変革を起こすコンピテンシー （Transformative Competencies）」として，「新たな価値を創造する力（Creat- ing new value）」「対立やジレンマを克服する力（Reconciling tensions & di- lemmas）」「責任ある行動をとる力（Taking responsibility）」が示されている。 さらに最外周部には，見通す（Anticipation）→行動（Action）→振り返り （Reflection）のサイクル（AARサイクル）が描かれている。このサイクルは， 学習者自身が見通しをもったうえで，意図的に活動し，さらに次の機会に活か すための振り返るといった学習プロセスの繰り返しを求めており，コンピテン シーの触媒とされる。

　ラーニング・コンパス2030は，コンピテンシーの種類や構造の提示をめざし たものではなく，社会に寄与できる提案や活動の実現に向かう学習のあり方を

3：ファデル，C.，ビアリック，M.，トリリング，B. 著，岸学監訳，関口貴裕，細川太輔編訳， 東京学芸大学次世代教育研究推進機構訳『21世紀の学習者と教育の4つの次元：知識，ス キル，人間性，そしてメタ学習』北大路書房，2016，（1.2.21世紀型スキル）.

描いたものであり，「学習の枠組み」と説明されている。社会との相互作用を重ねる中で，学習者自身による責任ある選択や判断，振り返り，そして修正を繰り返しながら，コンピテンシーを獲得する人材が求められている。

1.2 21世紀型スキル

農業から工業そして情報へと社会の基盤となる産業が推移する中で，手足による作業を補助・強化してきたこれまでのツールとは異なり，思考や問題解決等の知的活動に関係するツールや経験が重要視されるようになった。このような変化の中で，教育による対応の遅れが指摘されるようになり，学校で育成すべき能力等が議論されるようになった。ここでは，企業等からの問題提起をふまえながら検討され，広く認知されるようになった21世紀型スキルを紹介する。

シスコシステムズ，インテル，マイクロソフトからの教育関係者や政策立案者へのアクションペーパーを契機にした動きを受け，2009年1月ロンドンで開催された「学習とテクノロジーの世界フォーラム（Learning and Technology World Forum）」において，「21世紀型スキルの学びと評価プロジェクト（ATC21S：Assessment and Teaching of Twenty-First Century Skills Project）」が発足した。2010年までにはオーストラリア，フィンランド，ポルトガル，シンガポール，イギリス，アメリカが ATC21S に参加し，PISA2015（Programme for International Student Assessment，OECD による学習到達度調査）では ATC21S のメンバーが作成に関わった「協調問題解決」のテストが出題の参考とされる等，21世紀型スキルそして ATC21S は世界的に認知されるようになった。

ATC21S で示された21世紀型スキルは，以下のように，「思考の方法」「働く方法」「働くためのツール」「世界の中で生きる」のカテゴリーと計10のスキルとして示された[4]。

「思考の方法」

　1．創造性とイノベーション

4：三宅なほみ監訳，グリフィン，P.，マクゴー，B.，ケア，E. 編集，益川弘如，望月俊男翻訳，『21世紀型スキル：学びと評価の新たなかたち』北大路書房，2014，p.46.

　2．批判的思考，問題解決，意思決定

　3．学び方の学習，メタ認知

「働く方法」

　4．コミュニケーション

　5．コラボレーション（チームワーク）

「働くためのツール」

　6．情報リテラシー

　7．ICT リテラシー

「世界の中で生きる」

　8．地域とグローバル社会でよい市民であること（シチズンシップ）

　9．人生とキャリア発達

　10．個人の責任と社会的責任（異文化理解と異文化適応能力を含む）

1.3　新たな"学び"を拓く情報メディア活用

　今日，小学校や中学校においても，世界的な議論で重要視されたコンピテンシーを高める教育実践が全国各地に蓄積されつつある。ここでは，課題解決学習に取り組む熊本県高森町の事例を紹介し，これからの情報メディア活用について考える。

　図Ⅴ-2左はTV会議システムを介して編成されたグループでの協働学習の場面である。町の中心部から車で30分程度離れた高森東学園義務教育学校の少人数学級に在籍する児童一人ひとりが，高森中央小学校の各グループに加わることにより，学級規模の制約を受けることなく，学習課題について多様な意見が活発に交換されている。図Ⅴ-2右は，高森中学校の音楽の授業において，全体での合唱を前に，曲の進行とともにタブレットの画面上に表示される楽譜等を参考にしながら，担当パートの中で自身が選択した範囲を集中的に個人練習する場面である。ほかにも，持ち帰ったパソコンを学校のクラウド環境に接続し，学習リーダーを中心に教室でのグループ活動を継続する自宅学習等，新たな学びの実現に情報メディア活用が機能している。

　複雑さが増すと予想される社会に対応する教育では，自分に適した学び方を

TV 会議を用いて他校の1人と，計5人での遠隔型のグループ協議（熊本県高森町立高森中央小学校と高森東学園義務教育学校による遠隔授業）

曲の進行に伴い，画面上に示される楽譜や歌い方を参考にした，歌の練習（高森町立高森中学校）

図V-2　ICT 活用で拓く新たな学び

常に更新する姿勢を身につけさせる必要がある。そのためには，学習者自身が目的を定め，主体的に学習活動に取り組み，考え方などを比較・交換し合いながら，学び方を振り返り，そして修正する，一連のプロセスを繰り返し経験させる必要がある。教室全体における学習の流れと，学習者個々での気づき・思考・修正とを往還させるためには，さまざまな情報を効果的に共有・交換できる情報メディアの活用が不可欠と言える。

2．新たな "学び" を創る ICT 環境

　教育や学習に関わる世界的な潮流にもみられるように，互いの思考を表現・交換し合う学習で，情報メディアの積極的な活用が期待されるようになった。わが国においても，2020（令和2）年度から全面実施となった「小学校学習指導要領」[5]の第1章第3の1 "主体的・対話的で深い学びの実現に向けた授業改善" において，「情報活用能力の育成を図るため，各学校において，コンピュータや情報通信ネットワークなどの情報手段を活用するために必要な環境を整え，

5：全面実施は2021（令和3）年度の中学校版，2022（令和4）年度から年次進行で実施となる高等学校版にも同様に記述されている。

これらを適切に活用した学習活動の充実を図ること」とし，情報メディアを活用できる環境の整備を明確に求めた。また，2018（平成30）年6月に閣議決定された，「教育基本法」[6]にもとづく第三期教育振興基本計画において，目標 "ICT 利活用のための基盤の整備" における測定指標として，「教員の ICT 活用指導力」の改善，学習者用コンピュータを3クラスに1クラス分程度整備，普通教室における無線 LAN の100%整備，超高速インターネットの100%整備を挙げ，学校の ICT 環境整備の促進に取り組むとした。

　文部科学省から各教育委員会への通知[7]等で，学校の ICT 環境整備の参考にされたのが，「学校における ICT 環境整備の在り方に関する有識者会議最終まとめ」である。この有識者会議では，最低限必要で優先的に整備すべき学習活動用および校務用 ICT 機器等が，表Ⅴ-2 および表Ⅴ-3のように示された。大型提示装置や実物投影機は各教室へ常設とするなど，準備に要する手間を最小とし，日常的な活用を促す環境の構築が求められている。さらに，知識を相互に関連づけることによる理解の深化，情報の精査を通しての考えの形成，問題の発見と解決，そして思いや考えを基にした創造につながる情報の収集，判断，表現，処理，創造，発信，伝達を含む学習活動には，1人1台となるコンピュータの整備が望ましいとしたうえで，学習者用コンピュータの台数について目安が示されている。そのほかにも，コンピュータの充電保管庫，無線 LAN および有線 LAN，学習活動に必要なソフトウェア，教科等の学習に関わるデータを蓄積・共有するための学習用サーバに至るまで，多様ではあるが必

6：「教育基本法」
　　（教育振興基本計画）
　　第17条　政府は，教育の振興に関する施策の総合的かつ計画的な推進を図るため，教育の振興に関する施策についての基本的な方針及び講ずべき施策その他必要な事項について，基本的な計画を定め，これを国会に報告するとともに，公表しなければならない。
　　2　地方公共団体は，前項の計画を参酌し，その地域の実情に応じ，当該地方公共団体における教育の振興のための施策に関する基本的な計画を定めるよう努めなければならない。
7：2017年8月2日の「学校における ICT 環境整備の在り方に関する有識者会議最終まとめ」を踏まえ，「学校における教育の情報化の実態等に関する調査結果（2018年度）〔速報値〕及び平成30年度以降の学校における ICT 環境の整備方針について（通知）」（2017年12月26日）を，各都道府県教育委員会教育長及び各指定都市教育委員会教育長宛に通知。

要最低限の ICT 環境が整理されている。なお，2019（令和元）年12月の GIGA スクール実現推進本部の設置以降，１人１台端末および高速大容量の通信ネットワークの一体的整備，クラウド活用推進など，ICT 環境整備が全国一律に進められた。2023（令和５）年度までに段階的に達成予定とされていた１人１台端末については，補正予算により2020年度中に前倒しで整備された。

　表Ⅴ-２中にも参考意見として示されているデジタル教科書のほかにも，電子黒板，タブレット型コンピュータ，授業支援システム等の整備は，今後期待される学びの実現に，大いに寄与するものと思われる[8]。表Ⅴ-２およびⅤ-３は，学校の ICT 環境が不十分な地域が多数存在した2017（平成29）年の時点において整備を急ぐべき必要最低限の内容とされたものであり，表中の内容にとどまることなく，ICT の進歩・普及に応じた ICT 環境の学校への整備が急がれる。

　表Ⅴ-２には示されていないものの，実用性が高い ICT を積極的に導入し，教育の質の維持・向上に成果を上げている学校・地域も多い。例えば，TV 会議システムを活用した遠隔学習により，小規模校においても多数の学習者との協働学習を実現したり，教員の専門性を補い合ったりすることで，少人数学級を効果的に運営している地域もある[9]。今後，児童生徒一人一人の能力や適性に応じて個別最適化された学び[10]を実現するために，電子化された学習履歴の蓄積と活用，EdTech[11]とビッグデータの活用，CBT（computer based testing）の導入も推進される見通しであり，時代にふさわしい教育・学習における ICT 環境のあり方は不断に検討される必要がある。

　表Ⅴ-３に示す校務用の ICT 環境の整備は，効率的な校務処理とその結果生み出される教育活動の質の向上を目的とする「校務の情報化」を推進させるものである。校長，教頭，教諭，養護教諭，司書教諭，学校司書，栄養教諭，学校栄養職員，事務職員等によるそれぞれの業務を電子化し，担当ごとに異なる

8：例）文部科学省「次世代の教育情報化推進事業「情報教育の推進等に関する調査研究」」
9：例）文部科学省「人口減少社会における ICT の活用による教育の質の維持向上に係る実証事業」
10：中央教育審議会 教育課程部会「資料３-１　今後の教育課程の改善について」2019（平成31）年１月21日．
11：Education（教育）と Technology（テクノロジー）を組み合わせた造語。

表V-2　これからの学習活動を支える ICT 機器等と設置の考え方

ICT 機器等	設置の考え方
大型提示装置	•普通教室（特別支援学級関係室等を含む。）及び特別教室への大型提示装置の常設（小学校，中学校，義務教育学校，高等学校，中等教育学校及び特別支援学校（以下，「全学校種」という。）） ※学級担任制及び教科担任制のいずれの場合であっても，大型提示装置を，授業の都度教室に運ぶことは，その効果的な活用を妨げる可能性が高いため，普通教室（特別支援学級関係室等を含む。）及び特別教室に常設しておくことが必要。 ※なお，本有識者会議では，教員による大型提示装置を活用する際に，指導者用の「デジタル教科書」と組み合わせての活用ニーズが高いとの指摘もあった。 ※また，教員による提示に限らず，学習者用コンピュータでの学習成果等を学級内で情報共有する際にも大型提示装置が必要。
実物投影装置	•普通教室（特別支援学級関係室等を含む。）及び特別教室への実物投影機（書画カメラ）の常設（小学校及び特別支援学校） ※中学校，義務教育学校（後期課程），高等学校及び中等教育学校においても，実物投影機（書画カメラ）を活用した学習活動は効果的と考えられるが，まずは，小学校及び特別支援学校における常設を優先することとする。 ※中学校，義務教育学校（後期課程），高等学校及び中等教育学校においても，学習者用コンピュータや指導者用コンピュータと大型提示装置を組み合わせた活用等により，実物投影機（書画カメラ）の機能を代替させるような活用は可能である
学習者用コンピュータ（児童生徒用）	•授業展開に応じて必要な時に「1人1台環境」を可能とする環境の実現（全学校種） ※全学校種の各教科等の授業において，知識を相互に関連付けてより深く理解したり，情報を精査して考えを形成したり，問題を見出して解決策を考えたり，思いや考えを基に創造したりするための情報の収集，判断，表現，処理，創造，発信，伝達といった学習活動を，学習者用コンピュータを活用して不自由なく実現できる環境（「1人1台環境」）を保障する。 最終的には「1人1台専用」が望ましいが，当面，全国的な学習者用コンピュータの配備状況等も踏まえ，各クラスで1日1授業分程度を目安とした学習者用コンピュータの活用が保障されるよう，3クラスに1クラス分程度の学習者用コンピュータの配置を想定することが適当である。 ※小学校及び特別支援学校の小学部においては，コンピュータ教室の学習者用コンピュータを，普通教室及び特別教室等で活用

	することも考えられる。 •故障・不具合に備えた複数の予備用学習者用コンピュータの配備（全学校種）
指導用コンピュータ（教員用）	•授業における教員による教材の提示等を行うために，普通教室（特別支援学級関係室等を含む。）及び特別教室で活用することを想定（授業を担任する教員それぞれに1台分）
充電保管庫	•学習者用コンピュータの充電・保管のために活用することを想定（全学校種） ※教員及び児童生徒が教育活動で必要な時に取り出しやすい場所に保管することが望ましい。（例えば，学習者用コンピュータの整備数に応じ，各学年・各フロアに設置）
ネットワーク	•無線LAN　普通教室（特別支援学級関係室等を含む。）及び特別教室（全学校種） ※調達時における学校のICT環境の整備状況によっては，LTE等の移動通信システムの活用が適当な場合も考えられる。（全学校種） •有線LAN　特別教室（コンピュータ教室）
いわゆる「学習用ツール」	•ワープロソフトや表計算ソフト，プレゼンテーションソフトなどをはじめとする各教科等の学習活動に共通で必要なソフトウェア（いわゆる「学習用ツール」）の整備（全学校種）
学習用サーバ	•各学校1台分のサーバの設置（全学校種） ※各教科等の学習で活用する学習用サーバについては，「教育情報セキュリティ対策推進チーム」（平成28年9月生涯学習政策局長決定）の検討を踏まえたセキュリティ対策を講じることを前提に，教育委員会による一元管理（インターネット回線を使ったクラウド（パブリッククラウド）の活用を含む）を行うことが望ましい。ただし，学校の通信回線の帯域幅の課題及び授業における安定的な稼働等の観点から，約77％の学校が学習用サーバを学校に設置している現状等を踏まえ，当面，各学校1台分のサーバの設置を前提とする。

参考：文部科学省「学校におけるICT環境整備の在り方に関する有識者会議　最終まとめ」2017，pp.12-14.

レベルや範囲で責任を負う情報の管理・運用と職階や担当を横断しながらの情報の共有を両立させ，業務を軽減・効率化した運営をめざしている。校務の情報化を進めることで，各種記録，名簿や計画表等の作成・管理といった担当者間で重複しがちな作業を軽減し，教職員の一人が入力した情報を学校全体で共

表V-3　校務等を支える ICT 機器等と設置の考え方

ICT 機器等	設置の考え方
校務用コンピュータ	・教員 1 人 1 台環境の整備（全学校種）
ネットワーク 有線 LAN（職員室（校長室及び事務室を含む。），保健室等）	・成績処理等の校務を行う職員室（校長室及び事務室を含む）及び保健室等への有線 LAN 環境の整備（全学校種） ※一部の学校においては，職員室等においても無線 LAN の環境を整備しているところもある。
校務用サーバ	・学校の設置者（教育委員会）1 台分の整備 ※文部科学省「教育情報セキュリティ対策推進チーム」における検討を踏まえ，設置の考え方等を整理することが必要。
ソフトウェア	・統合型校務支援システム（全学校種） ・セキュリティソフト（全学校種）

参考：文部科学省「学校における ICT 環境整備の在り方に関する有識者会議　最終まとめ」2017，p.15.

有・活用できるようになる。例えば，欠席の連絡を受けた人がシステムへ入力することで，欠席者名や理由等の関連情報が，管理職をはじめとするすべての教職員で直ちに共有され，児童生徒の健康状態に応じた組織的な措置が迅速に実施できるようになる。そのほかにも，学校の Web を通して学校行事や学習活動の様子を発信したり，メールや SNS を通して安全・安心に係る情報を配信したり，グラフや表の形式に整理された資料を用いて学習の過程や成績をわかりやすく説明したりすることで，地域や保護者との信頼関係を深めた例も多く報告されている。

　今後，成績処理，出欠管理，時数等の教務系，健康診断票，保健室管理等の保健系，指導要録等の学籍関係，学校事務系など，目的や担当ごとに異なる校務や情報を統合的に処理できる統合型校務支援システムの普及により，教員の働き方改革が進み，学校の専門性の向上に結び付くことが期待される。

3. 教師の専門的力量としての情報メディア活用

3.1 意図的な情報メディア活用

　今日の教師には，言語のような文化的な道具に加えて，科学技術の進展によりもたらされた道具を駆使する能力を児童生徒に習得させる力量が求められている。つまり，学習者が学びを深める過程において，情報や情報メディアを適切に活用する学習活動を構想し，また支援する力が教師に期待されている。

　図V-3(a)は，佐賀県武雄市立武内小学校で実践された授業について，ICT活用，従来メディア，そして教師の意図との関連を整理したものである（図V-3(b)は凡例）。つかむの段階では，電子黒板と黒板・掲示物を併用しながら，タブレット端末を用いた家庭での学習（スマイル学習）を振り返らせ，学習課

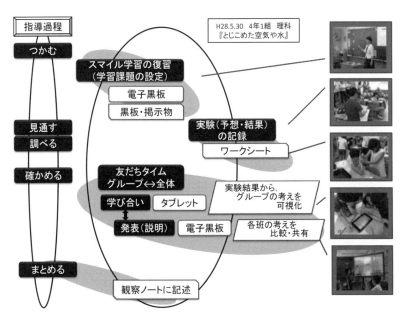

図V-3(a)　学習プロセスデザイン図（佐賀県武雄市立武内小学校）

題を設定している。見通す，調べる段階では，ワ
ークシートに実験の予想・結果の記録を求めてい
る。確かめる段階では，グループ内で学び合いな
がらタブレット端末上でグループとしての考えを
整理した後に，電子黒板により各班の考えを比
較・共有する発表（説明）が構想されている。ま
た，グループと学級全体を往還させる "友だちタ
イム" が学び合いと発表（説明）により構成され

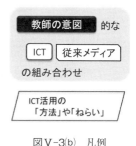

図Ⅴ-3(b)　凡例

ることが示されている。このように，授業の進行に伴い変化する学習スタイル
や学習活動に応じて，従来のメディアとの組合せを含め，教室にある情報メデ
ィアを意図的に活用する見通しが必要になる。

3.2　ICT 活用指導力

　自分自身で情報メディアを活用する能力や児童生徒の情報活用能力を高める
能力が，専門的力量として教師に求められる中で，文部科学省は2007（平成19）
年2月，5つの大項目と18のチェック項目で構成される「教員の ICT 活用指
導力チェックリスト」を公表した。このチェックリストにより ICT 活用指導
力の基準が具体化され，また到達目標が明確化されたことにより，情報メディ
アに関わる指導力を各教員が振り返ることが可能になった。教員による自己評
価の結果は地域ごとに集約され，「学校における教育の情報化の実態等に関す
る調査結果」として，2008（平成20）年度以降，学校における ICT 環境の整備
状況とともに Web 上に公開されている。

　2018（平成30）年6月，文部科学省は，ICT 活用を取り巻く環境の変化およ
び主体的・対話的で深い学びの視点からの授業改善の推進をふまえ，表Ⅴ-4
に示すように，4つの大項目（A～D）と16のチェック項目（A-1～D-4）
で構成される改訂版「教員の ICT 活用指導力チェックリスト」を発表した。

　2007年版に対して2018年版では，2007年版での大項目E「校務に ICT を活
用する能力」が大項目Aの「教材研究・指導の準備・評価・校務などに ICT
を活用する能力」に統合され，大項目が1つ減じられた。また，小項目につい

表V-4　教員の ICT 活用指導力チェックリスト（2018年改訂版）

A　教材研究・指導の準備・評価・校務などに ICT を活用する能力

A-1　教育効果を上げるために，コンピュータやインターネットなどの利用場面を計画して活用する。

A-2　授業で使う教材や校務分掌に必要な資料などを集めたり，保護者・地域との連携に必要な情報を発信したりするためにインターネットなどを活用する。

A-3　授業に必要なプリントや提示資料，学級経営や校務分掌に必要な文書や資料などを作成するために，ワープロソフト，表計算ソフトやプレゼンテーションソフトなどを活用する。

A-4　学習状況を把握するために児童生徒の作品・レポート・ワークシートなどをコンピュータなどを活用して記録・整理し，評価に活用する。

B　授業に ICT を活用して指導する能力

B-1　児童生徒の興味・関心を高めたり，課題を明確につかませたり，学習内容を的確にまとめさせたりするために，コンピュータや提示装置などを活用して資料などを効果的に提示する。

B-2　児童生徒に互いの意見・考え方・作品などを共有させたり，比較検討させたりするために，コンピュータや提示装置などを活用して児童生徒の意見などを効果的に提示する。

B-3　知識の定着や技能の習熟をねらいとして，学習用ソフトウェアなどを活用して，繰り返し学習する課題や児童生徒一人一人の理解・習熟の程度に応じた課題などに取り組ませる。

B-4　グループで話し合って考えをまとめたり，協働してレポート・資料・作品などを制作したりするなどの学習の際に，コンピュータやソフトウェアなどを効果的に活用させる。

C　児童生徒の ICT 活用を指導する能力

C-1　学習活動に必要な，コンピュータなどの基本的な操作技能（文字入力やファイル操作など）を児童生徒が身に付けることができるように指導する。

C-2　児童生徒がコンピュータやインターネットなどを活用して，情報を収集したり，目的に応じた情報や信頼できる情報を選択したりできるように指導する。

C-3　児童生徒がワープロソフト・表計算ソフト・プレゼンテーションソフトなどを活用して，調べたことや自分の考えを整理したり，文章・表・グラフ・図などに分かりやすくまとめたりすることができるように指導する。

C-4　児童生徒が互いの考えを交換し共有して話合いなどができるように，コンピュータやソフトウェアなどを活用することを指導する。

D	情報活用の基盤となる知識や態度について指導する能力
D－1	児童生徒が情報社会への参画にあたって自らの行動に責任を持ち，相手のことを考え，自他の権利を尊重して，ルールやマナーを守って情報を集めたり発信したりできるように指導する。
D－2	児童生徒がインターネットなどを利用する際に，反社会的な行為や違法な行為，ネット犯罪などの危険を適切に回避したり，健康面に留意して適切に利用したりできるように指導する。
D－3	児童生徒が情報セキュリティの基本的な知識を身に付け，パスワードを適切に設定・管理するなど，コンピュータやインターネットを安全に利用できるように指導する。
D－4	児童生徒がコンピュータやインターネットの便利さに気付き，学習に活用したり，その仕組みを理解したりしようとする意欲が育まれるように指導する。

ては，B-4およびC-4において協働学習の要素が，またC-1においては基本的な操作技能の必要性が反映されている。また，大項目Dについては，2007年版での「情報モラルなどを指導する能力」が「情報活用の基盤となる知識や態度について指導する能力」に変更され，小項目も再構成された。

4．情報教育

　工業や商業など職業に関する学科をもつ高等学校では，1960年代後半から，専門教育としての情報教育に取り組んできた。一方，小学校，中学校や普通科の高等学校における情報教育は，社会の情報化や日常生活でのICT活用の普及とともに進展しており，その経過を「学習指導要領」にみることができる。

　1989（平成元）年告示の「学習指導要領」では，中学校の技術・家庭科に選択領域として「情報基礎」が新設された。また，教科等の内容に情報化に対応した記述が学校段階ごとに示された。1998（平成10）年告示の「学習指導要領」（高等学校は1999（平成11）年告示）では，小学校，中学校，高等学校を通して，各教科や総合的な学習の時間でコンピュータや情報通信ネットワークの積極的な活用が求められた。また，中学校においては技術・家庭科の技術分野で「情報とコンピュータ」が必修となり，高等学校においては普通教科「情報」が必履修として新設された。2008（平成20）年告示の「学習指導要領」（高等学校は

2009（平成21）年告示）では，総則において，コンピュータや情報通信ネットワークなどの情報手段を活用できるようにする学習活動の充実が明記されるなど，各学校段階に応じた情報教育や教科指導での ICT 活用の推進が促された。

　2017（平成29）年に告示された「学習指導要領」（高等学校は2018（平成30）年告示）では，情報活用能力が明確に位置づけられるに至った。「小学校学習指導要領」を例にみると「各学校においては，児童の発達の段階を考慮し，言語能力，情報活用能力（情報モラルを含む。），問題発見・解決能力等の学習の基盤となる資質・能力を育成していくことができるよう，各教科等の特質を生かし，教科等横断的な視点から教育課程の編成を図るものとする」とされた。つまり，情報活用能力を学習の成立や深化に不可欠な資質・能力と確認したうえで，教育課程全体で意図的・計画的に育成すべきものと示されたのである。学校や教師にとっては，情報に関する知識や技能を習得させるだけでなく，情報や情報手段を主体的また実践的に活用させながら，教科等の理解を深める学習を通して，情報活用能力そのものを高める授業や単元の設計が求められるようになったと言える。なお，小学校での情報活用能力の育成では，プログラミング体験を通して論理的思考力を身につけさせる学習活動の実施が求められることになった。

　ここでは，情報活用能力に関わる今日までの議論等について補足する。1986（昭和61）年４月の臨時教育審議会による「教育に関する第二次答申」でめざしたのは，「個性重視の原則に立って，生涯学習体系への移行を主軸とする教育体系の総合的再編成を行うことにより，現在の教育荒廃を克服し，21世紀にむけて我が国における社会の変化および文化の発展に対応する教育を実現」であった。この答申の第３部「時代の変化に対応する改革」の第２章「情報化への対応のための諸改革」において，「情報リテラシー：情報及び情報手段を主体的に選択し活用していくための個人の基礎的な資質」と明示された。また，読み・書き・情報活用能力を基礎・基本として重視し，学校などで情報活用能力の育成に本格的に取り組むことが求められた。なお，1987（昭和62）年12月に最終答申した教育課程審議会の審議では，臨時教育審議会（第二次答申）で示された情報活用能力について，次の①〜④のように概念規定されたものが参考に

された。

①情報の判断，選択，整理，処理能力及び新たな情報の創造，伝達能力

②情報化社会の特質，情報化の社会や人間に対する影響の理解

③情報の重要性の認識，情報に対する責任感

④情報科学の基礎及び情報手段（特にコンピュータ）の特徴の理解，基本的な操作能力の習得

　1997（平成９）年の「情報化の進展に対応した初等中等教育における情報教育の推進等に関する調査研究協力者会議」による第１次報告「体系的な情報教育の実施に向けて」では，初等中等教育段階における情報教育で育成すべき情報活用能力を情報活用の実践力，情報の科学的な理解，情報社会に参画する態度に整理し，系統的，体系的な情報教育の目標として位置づけることが提案された。さらに，2006（平成18）年８月の初等中等教育における教育の情報化に関する検討会による「初等中等教育の情報教育に係る学習活動の具体的展開について」では，情報活用能力を表Ⅴ-5に示すように３観点８要素に整理した。2010（平成22）年の「教育の情報化に関する手引」第４章第３節では，３観点８要素ごとに，各教科等の学習活動で情報活用能力の育成が期待されるものが抽出された。

　2016（平成28）年12月の中央教育審議会答申「幼稚園，小学校，中学校，高等学校及び特別支援学校の学習指導要領等の改善及び必要な方策等について」では，表Ⅴ-6のとおり情報活用能力が，資質・能力の３本柱である知識・技能，思考力・判断力・表現力等，学びに向かう力・人間性等に沿って示された。さらに，2018（平成30）年度版の次世代の教育情報化推進事業成果報告書「情報活用能力を育成するためのカリキュラム・マネジメントの在り方と授業デザイン」では，IE-School における実践研究をふまえて，情報活用能力の要素を表Ⅴ-7のように例示した。

表 V-5 情報活用能力の 3 観点 8 要素

観点	要素
情報活用の実践力 課題や目的に応じて情報手段を適切に活用することを含めて，必要な情報を主体的に収集・判断・表現・処理・創造し，受け手の状況などを踏まえて発信・伝達できる能力	• 課題や目的に応じた情報手段の適切な活用 • 必要な情報の主体的な収集・判断・表現・処理・創造 • 受け手の状況などを踏まえた発信・伝達
情報の科学的な理解 情報活用の基礎となる情報手段の特性の理解と，情報を適切に扱ったり，自らの情報活用を評価・改善するための基礎的な理論や方法の理解	• 情報活用の基礎となる情報手段の特性の理解 • 情報を適切に扱ったり，自らの情報活用を評価・改善するための基礎的な理論や方法の理解
情報社会に参画する態度 社会生活の中で情報や情報技術が果たしている役割や及ぼしている影響を理解し，情報モラルの必要性や情報に対する責任について考え，望ましい情報社会の創造に参画しようとする態度	• 社会生活の中で情報や情報技術が果たしている役割や及ぼしている影響の理解 • 情報モラルの必要性や情報に対する責任 • 望ましい情報社会の創造に参画しようとする態度

参考：文部科学省 初等中等教育の情報化に関する検討会「初等中等教育の情報教育に係る学習活動の具体的展開について 報告書 概要」2006.

表Ⅴ-6　資質・能力で整理された情報活用能力

知識・技能 （何を理解しているか，何ができるか）	情報と情報技術を活用した問題の発見・解決等の方法や，情報化の進展が社会の中で果たす役割や影響，情報に関する法・制度やマナー，個人が果たす役割や責任等について情報の科学的な理解に裏打ちされた形で理解し，情報と情報技術を適切に活用するために必要な技能を身に付けていること。 ・情報と情報技術を適切に活用するための知識と技能 ・情報と情報技術を活用して問題を発見・解決するための方法についての理解 ・情報社会の進展とそれが社会に果たす役割と及ぼす影響についての理解 ・情報に関する法・制度やマナーの意義と情報社会において個人が果たす役割や責任についての理解
思考力・判断力・表現力等 （理解していること・できることをどう使うか）	様々な事象を情報とその結びつきの視点から捉え，複数の情報を結び付けて新たな意味を見いだす力や，問題の発見・解決等に向けて情報技術を適切かつ効果的に活用する力を身に付けていること。 ・様々な事象を情報とその結び付きの視点から捉える力 ・問題の発見・解決に向けて情報技術を適切かつ効果的に活用する力（相手や状況に応じて情報を適切に発信したり，発信者の意図を理解したりすることも含む） ・複数の情報を結び付けて新たな意味を見いだしたり，自分の考えを深めたりする力
学びに向かう力・人間性等 （どのように社会・世界と関わりよりよい人生を送るか）	情報や情報技術を適切かつ効果的に活用して情報社会に主体的に参画し，その発展に寄与しようとする態度等を身に付けていること。 ・情報を多面的・多角的に吟味しその価値を見極めていこうとする態度 ・自らの情報活用を振り返り，評価し改善しようとする態度 ・情報モラルや情報に対する責任について考え行動しようとする態度 ・情報社会に主体的に参画し，その発展に寄与しようとする態度

参考：文部科学省 中央教育審議会答申「幼稚園，小学校，中学校，高等学校及び特別支援学校の学習指導要領等の改善及び必要な方策等について」2016.

表Ⅴ-7　情報活用能力の要素の例示

A．知識・技能（何を理解しているか，何ができるか）	1．情報と情報技術を適切に活用するための知識と技能	①情報技術に関する技能 ②情報と情報技術の特性の理解 ③記号の組合せ方の理解
	2．問題解決・探究における情報活用の方法の理解	①情報収集，整理，分析，表現，発信の理解 ②情報活用の計画や評価・改善のための理論や方法の理解
	3．情報モラル・情報セキュリティなどについての理解	①情報技術の役割・影響の理解 ②情報モラル・情報セキュリティの理解
B．思考力・判断力・表現力等（理解していること・できることをどう使うか）	1．問題解決・探究における情報を活用する力（プログラミング的思考・情報モラル・情報セキュリティを含む）	事象を情報とその結び付きの視点から捉え，情報及び情報技術を適切かつ効果的に活用し，問題を発見・解決し，自分の考えを形成していく力 ①必要な情報を収集，整理，分析，表現する力 ②新たな意味や価値を創造する力 ③受け手の状況を踏まえて発信する力 ④自らの情報活用を評価・改善する力　等
C．学びに向かう力・人間性等（どのように社会・世界と関わりよりよい人生を送るか）	1．問題解決・探究における情報活用の態度	①多角的に情報を検討しようとする態度 ②試行錯誤し，計画や改善しようとする態度
	2．情報モラル・情報セキュリティなどについての態度	①責任をもって適切に情報を扱おうとする態度 ②情報社会に参画しようとする態度

出典：文部科学省「情報活用能力を育成するためのカリキュラム・マネジメントの在り方と授業デザイン―平成30年度　情報教育推進校（IE-School）の取組より―」2019, p.15.

5. 教育の情報化

　1996(平成 8)年の第15期中央教育審議会による第一次答申「21世紀を展望した我が国の教育の在り方について」では，学校教育に対して，時代を超えて変わらない価値のあるもの（不易）以外に時代の変化とともに変えていく必要があるもの（流行）にも関心をもち，変革する姿勢をもつことを求めた。情報化に関しては，

　①情報教育の体系的な実施

　②情報機器等の活用による学校教育の質的改善

　③高度情報通信社会に対応する「新しい学校」の構築

　④情報化の「影」の部分への対応

が求められた。つまり，時代に応じた学校教育をめざす中で，教育活動全体での情報メディア活用が促されるようになった訳である。

　2010(平成22)年10月の「教育の情報化に関する手引」では，「教育の情報化」を，

　①情報教育（子どもたちの情報活用能力の育成）

　②教科指導における ICT 活用（各教科等の目標を達成するための効果的な ICT 機器の活用）

　③校務の情報化（教員の事務負担の軽減と子どもと向き合う時間の確保）

で構成するものとした。つまり，指導方法の工夫をめざした教師による ICT 活用だけでなく，児童生徒が主体的に学びを深めるために必要な情報活用能力，そして事務作業へのコンピュータやネットワークの活用など，教育全体を総合的に情報化することで，社会のニーズに応えうる教育を実現し，また教育の質を向上しようとするのが「教育の情報化」のねらいと言える。

　ICT 活用や情報教育等に関する答申等を整理したのが表Ⅴ-8である。時代の要請に応える教育の実現をめざし，教員や校長，学校，そして行政に，それぞれの専門性を反映させた情報メディア活用や整備が求められてきたことがわかる。

表Ⅴ-8　ICT 活用や情報教育等に関する答申等

年月	施策・提言	関連事項
昭和60年6月 (1985)	臨時教育審議会第一次答申	・「社会の情報化を真に人々の生活の向上に役立てる上で，人々が主体的な選択により情報を使いこなす力を身に付けることが今後重要」 ・「家庭，学校，地域を通じた教育へのニューメディアの健全な活用，情報化社会における教育内容，方法，情報化社会に対応した人材の育成などについて検討する」
昭和61年4月 (1986)	臨時教育審議会第二次答申	情報活用能力を「情報及び情報手段を主体的に選択し活用していくための個人の基礎的な資質」と説明
昭和62年12月 (1987)	教育課程審議会答申「幼稚園，小学校，中学校及び高等学校の教育課程の基準の改善について」	「社会の情報化に主体的に対応できる基礎的な資質を養う観点から，情報の理解，選択，処理，創造などに必要な能力及びコンピュータ等の情報手段を活用する能力と態度の育成が図られるよう配慮する。なお，その際，情報化のもたらす様々な影響についても配慮する」と提言
平成元年3月 (1989)	小学校学習指導要領，中学校学習指導要領，高等学校学習指導要領，	中学校技術・家庭科において，選択領域として「情報基礎」が新設され，中学校・高等学校段階で，社会科，公民科，数学，理科，家庭（高等学校）など関連する各教科で情報に関する内容が取り入れられるとともに，各教科の指導において教育機器を活用する
平成元年12月 (1989)	盲・聾・養護学校小学部・中学部学習指導要領告示	
平成2年7月 (1990)	情報教育に関する手引	平成元年告示の学習指導要領を受け，情報教育の在り方，情報教育の内容，情報手段の活用，コンピュータ等の条件整備のための具体的方策，特殊教育における情報教育等を解説
平成8年7月 (1996)	第15期中央教育審議会「21世紀を展望した我が国の教育の在り方について」	第3章　情報化と教育 ①情報化と教育，②情報教育の体系的な実施，③情報機器，情報通信ネットワークの活用による学校教育の質的改善，④高度情

年月	施策・提言	関連事項
		報通信社会に対応する「新しい学校」の構築，⑤情報化の「影」の部分への対応
平成 9 年10月 (1997)	「体系的な情報教育の実施に向けて」，（情報化の進展に対応した初等中等教育における情報教育の進展等に関する調査研究協力者会議）	情報教育の基本的な考え方と，体系的な情報教育の内容について整理した。情報教育の目標として，「情報活用能力」を，1.「情報活用の実践力」，2.「情報の科学的な理解」，そして3.「情報社会に参画する態度」に整理
平成10年12月 (1998)	小学校学習指導要領，中学校学習指導要領告示	主に次の2点で情報教育の充実を促進 ①小・中・高等学校段階を通じて，各教科や総合的な学習の時間におけるコンピュータや情報通信ネットワークの積極的な活用
平成11年 3 月 (1999)	高等学校学習指導要領告示，盲・聾・養護学校小学部・中学部学習指導要領告示	②中学校・高等学校段階において，情報に関する教科・内容を必修化．
平成14年 6 月 (2002)	情報教育の実践と学校の情報化（新「情報教育に関する手引」）	平成元年告示の学習指導要領を受け，情報活用能力の育成の基本的考え方，各学校段階，各教科等と情報活用能力との関わり，子どもの学習活動という視点から見た情報活用能力の育成の考え方等に重点を置いて記述
平成14年 8 月 (2002)	IT で築く確かな学力	「初等中等教育における効果的な IT の活用が，子どもたちの『確かな学力』の向上につながる」との点に主眼を置き，具体的な活用方策の在り方について検討した結果をまとめた報告書
平成19年 3 月 (2007)	教員の ICT 活用指導力の基準（チェックリスト）の具体化・明確化，（教員の ICT 活用指導力の基準の具体化・明確化に関する検討会）	教員の ICT 活用指導力の基準を策定 A　教材研究・指導の準備・評価などに ICT を活用する能力 B　授業中に ICT を活用して指導する能力 C　児童の ICT 活用を指導する能力 D　情報モラルなどを指導する能力 E　校務に ICT を活用する能力
平成20年 3 月 (2008) （高等学校は	小学校学習指導要領，中学校学習指導要領，高等学校学習指導要領	情報の活用，情報モラルなどの情報教育を充実

年月	施策・提言	関連事項
平成21年3月）		
平成22年10月 （2010）	「教育の情報化に関する手引」	学習指導要領における「情報教育」や「教科指導における ICT 活用」,「校務の情報化」についての具体的な進め方等とともに,その実現に必要な「教員の ICT 活用指導力の向上」と「学校における ICT 環境整備」,また,「特別支援教育における教育の情報化」についても解説し,さらに,こうした教育の情報化に関わる取組み全体をサポートする教育委員会・学校の推進体制について解説
平成25年度 （2013） （高等学校は 平成27年度）	情報活用能力調査	情報活用能力について,把握,分析するとともに,指導の改善,充実に資するためコンピュータを用いた調査を実施
平成29年3月 （2017） （高等学校は 平成30年3月）	小学校学習指導要領,中学校学習指導要領,高等学校学習指導要領告示	• 情報活用能力を言語能力,問題発見・解決能力と並ぶ,学習の基盤となる資質・能力と位置付け • 各教科におけるコンピュータ等を活用した学習活動を充実 • 小学校：文字入力等の基本的な操作の習得,新たにプログラミング的思考の育成 • 中学校：技術・家庭科（技術分野）においてプログラミング,情報セキュリティに関する内容を充実。「計測・制御のプログラミング」に加え,「ネットワークを利用した双方向性のあるコンテンツのプログラミング」等について学ぶ • 高等学校：情報科において共通必修科目「情報 I」を新設し,プログラミング,ネットワーク（情報セキュリティを含む。）やデータベース（データ活用）の基礎等の内容を必修とした
平成29年8月 （2017）	学校における ICT 環境整備の在り方に関する有識者会議 最終まとめ	第3期教育振興基本計画（平成30〜34年度）を見越した,今後の学校における ICT 環境整備の在り方について検討をするとともに,

年月	施策・提言	関連事項
		地方公共団体のICT環境整備計画の策定及び計画的なICT環境整備を促進するための「教育ICT環境整備指針」の策定に向けた基本的な考え方を整理することを視野に入れて検討
平成29年12月 (2017)	平成30年度以降の学校におけるICT環境の整備方針	新学習指導要領の実施を見据えた，平成30年度以降の学校におけるICT環境整備の方針について，「学校におけるICT環境整備の在り方に関する有識者会議最終まとめ」も踏まえながら，定めたもの
平成30年6月 (2018)	平成19年版「教員のICT活用指導力チェックリスト」の改訂（教員のICT活用指導力チェックリストの改訂等に関する検討会）	A　教材研究・指導の準備・評価・校務などにICTを活用する能力 B　授業にICTを活用して指導する能力 C　児童生徒のICT活用を指導する能力 D　情報活用の基盤となる知識や態度について指導する能力
令和元年6月28日 (2019)	学校教育の情報化の推進に関する法律	第1章　総則（目的，定義，基本理念など） 第2章　学校教育情報化推進計画等 第3章　学校教育の情報化の推進に関する施策 第4章　学校教育情報化推進会議
令和元年12月 (2019)	「教育の情報化に関する手引」	第1章　社会的背景の変化と教育の情報化 第2章　情報活用能力の育成 第3章　プログラミング教育の推進 第4章　教科等の指導におけるICTの活用 第5章　校務の情報化の推進 第6章　教師に求められるICT活用指導力等の向上 第7章　学校におけるICT環境整備 第8章　学校及びその設置者等における教育の情報化に関する推進体制
令和元年12月 (2019)	GIGAスクール実現推進本部の設置	• 文部科学大臣メッセージ「子供たち一人ひとりに個別最適化され，創造性を育む教育ICT環境の実現に向けて」 • 全国一律のICT環境整備 • 1人1台端末及び高速大容量の通信ネットワークの一体的整備

年月	施策・提言	関連事項
		・クラウド活用推進 （令和5年度までに段階的に達成予定とされていた1人1台端末については，令和2年度補正予算により，前倒しで整備された）
令和3年1月 （2021）	中央教育審議会答申， 「令和の日本型学校教育」の構築を目指して〜全ての子供たちの可能性を引き出す，個別最適な学びと，協働的な学びの実現〜	第I部　総論 4．「令和の日本型学校教育」の構築に向けた今後の方向性 （3）これまでの実践とICTとの最適な組合せを実現する 5．「令和の日本型学校教育」の構築に向けたICTの活用に関する基本的な考え方 （1）学校教育の質の向上に向けたICTの活用 （2）ICTの活用に向けた教師の資質・能力の向上 （3）ICT環境整備の在り方 6．遠隔・オンライン教育を含むICTを活用した学びの在り方について

VI

図書館における情報メディアの活用

　図書館は，その名のとおり「図書」という情報メディアを中心に，利用者に対してサービスを提供してきた施設である。図書館は「図書」以外の映像フィルムや録音テープのような多様な情報メディアも古くから収集，整理，保存して，利用に供してきた歴史がある。現在，日本の図書館は電子書籍の貸出，音楽配信サービス，動画のデジタルアーカイブ，複製画の貸出といった「図書」以外の情報メディアを提供する取り組みを行っている。

　本章では，情報メディアを手がかりに機能や役割によっていくつかの類型に分けられる図書館の活動と図書館で扱われる情報メディアの捉え方を概観する。そして，学校図書館に焦点を絞り，学習や読書といった観点で情報メディアが果たす役割，メディアの活用を促進する人（司書教諭，学校司書，教員）の役割を確認する。最後に，情報メディアの新たな活用形態として注目されているラーニング・コモンズといわれる大学図書館の学修支援にも言及する。

1．図書館の種類と情報メディア

　図書館といえば，図書を借りて利用する場所というイメージが人びとに強くもたれている。図書館に情報メディアがなければ，図書館たりえないということになる。つまり，図書館は情報メディアの存在が前提となって成立する施設である。

　前述した図書館の世界では，その機能や役割によって図書館の種類をいくつかに分けて捉えている。一般的に，5つに大別されることが多い（5館種という）。1つ目が乳幼児から高齢者までの幅広い年代の利用者に合った情報メディアを提供する公共図書館である。2つ目が小学校・中学校・高等学校の児童

生徒と教員の学習活動に適した情報メディアを提供する学校図書館である。3つ目が大学・短期大学・高等専門学校に設置され，教育と研究との双方に役立つ情報メディアを提供する大学図書館である。4つ目が国内の出版物などの情報メディアを網羅的に収集し，後世に継承していくことを目的とする国立図書館である。5つ目が企業や研究所などに設置され，その活動目的に沿った情報メディアを加工，提供する専門図書館である。

　本節では，図書館を5つに大別し，そもそも図書館とはどのような施設かを考えていく。そのうえで，図書館における情報メディアの捉え方を確認する。5つに大別される図書館のうち，日本では公共図書館，学校図書館，大学図書館，国立図書館は法的な裏づけがあり，施設の定義もなされている。それらを参考にしながら図書館とはどのような施設かを情報メディアの観点からまとめる。

1.1　公共図書館

　公共図書館[1]は，都道府県や市区町村の設置したいわゆる「まちの図書館」のことである。一般に「図書館」と言えば，公共図書館のことを指すことも多い。住民が新聞や雑誌を読みに来館したり，子どもと保護者が絵本を借りにやって来たりする，地域の人びとの生活に根ざした図書館といえよう。

　日本において，公共図書館について定めている法律が「社会教育法」と「図書館法」である。「社会教育法」（昭和24年法律第207号）は第9条で「図書館及び博物館は，社会教育のための機関とする」と定めており，社会教育施設のひとつとして公共図書館を位置づけている。この第9条には「図書館及び博物館に関し必要な事項は，別に法律をもつて定める」との続きがある。その別の法律が「図書館法」である。「図書館法」（昭和25年法律第118号）第2条では，以下の定義がある。

1：日本において公共図書館という言い方は通称的な使い方である。法令では図書館，公立図書館などのように表記されている。本書では，一般に広く使われる公共図書館の表記を用いる。

……「図書館」とは，図書，記録その他必要な資料を収集し，整理し，保存して，一般公衆の利用に供し，その教養，調査研究，レクリエーション等に資することを目的とする施設……

　一般的なイメージ同様に「図書館法」においても，「図書，記録その他必要な資料」という情報メディアを活用して種々のサービス，活動が行われることが示されている。この情報メディアは，より具体的に図書館奉仕について定めた「図書館法」第3条第1号で以下のように示されている。

郷土資料，地方行政資料，美術品，レコード及びフィルムの収集にも十分留意して，図書，記録，視聴覚教育の資料その他必要な資料（電磁的記録（電子的方式，磁気的方式その他人の知覚によつては認識することができない方式で作られた記録をいう。）を含む。以下「図書館資料」という。）を収集し，一般公衆の利用に供すること。

　つまり，「その他必要な資料」という文言にも表れているように，公共図書館において扱われる情報メディアはあらゆる情報メディアを含みうることを示唆している。

1.2　学校図書館

　学校図書館は，学校におかれた図書館である。授業における調べ学習の際にクラス単位で利用したり，休み時間や放課後になると読書好きの児童生徒が図書を借りに来たりする図書館のイメージが強い。
　「学校教育法施行規則」（昭和22年文部省令第11号）第1条では以下のとおり学校に図書館の必置を求めている。

学校には，その学校の目的を実現するために必要な校地，校舎，校具，運動場，図書館又は図書室，保健室その他の設備を設けなければならない。

　ここでいう学校とは，「学校教育法」（昭和22年法律第26号）第1条において定義された「幼稚園，小学校，中学校，義務教育学校，高等学校，中等教育学校，特別支援学校，大学及び高等専門学校」のことである。「学校教育法施行規則」では，これらの学校に図書館を設けることを義務づけていることになる。

　この規定を具体化したものが「学校図書館法」（昭和28年法律第185号）である。同法第2条で学校図書館の範囲と情報メディアについて以下のように定義されている。

> ……「学校図書館」とは，小学校（義務教育学校の前期課程及び特別支援学校の小学部を含む。），中学校（義務教育学校の後期課程，中等教育学校の前期課程及び特別支援学校の中学部を含む。）及び高等学校（中等教育学校の後期課程及び特別支援学校の高等部を含む。）（以下「学校」という。）において，図書，視覚聴覚教育の資料その他学校教育に必要な資料（以下「図書館資料」という。）を収集し，整理し，及び保存し，これを児童又は生徒及び教員の利用に供する……

　つまり，学校図書館は「学校教育法」の幼稚園，大学，高等専門学校を除いた主に小学校，中学校，高等学校の図書館のことを対象としており，学校教育に必要なあらゆる情報メディアを扱う図書館ということになる。なお，学校におかれた図書館の機能や役割については，2節，3節で細かく取り上げる。

1.3　大学図書館

　大学図書館は，大学（大学院，短期大学や高等専門学校も含めて捉える）におかれた図書館である。学生のレポートや卒業論文の文献調査や，大学教員の研究に必要な学術情報の収集に活用される図書館である。データベース（database）や電子ジャーナルといった電子的な情報メディアの扱いにも力が入れられている。

　日本では「大学設置基準」（昭和31年文部省令第28号）第36条で大学に大学図書館の設置が求められている[2]。大学図書館で扱われる情報メディア[3]につい

ては，第38条第1項で以下のように示されている。

　　大学は，教育研究を促進するため，学部の種類，規模等に応じ，図書，学
　術雑誌，電磁的方法（電子情報処理組織を使用する方法その他の情報通信
　の技術を利用する方法をいう。）により提供される学術情報その他の教育
　研究上必要な資料を，図書館を中心に系統的に整備し，学生，教員及び事
　務職員等へ提供するものとする。

　さらに，同2項でも以下のように，情報メディアの活用に言及している。

　　図書館は，教育研究上必要な資料の収集，整理を行うほか，その提供に当
　たつて必要な情報の処理及び提供のシステムの整備その他の教育研究上必
　要な資料の利用を促進するために必要な環境の整備に努めるとともに，教
　育研究上必要な資料の提供に関し，他の大学の図書館等との協力に努める
　ものとする。

　つまり，大学で扱われる学問分野に応じた教育や研究に必要な学術情報を情
報メディアの種類を問わず扱う図書館ということになる。

1.4　国立図書館

　国立図書館は，国が設置する図書館の総称である。日本では，国立国会図書
館が代表的な国立図書館と考えられている。国立国会図書館については，「国

2：短期大学及び高等専門学校の図書館の原則必置については，「短期大学設置基準（昭和50
　年文部省令第21号）第28条，高等専門学校設置基準（昭和36年文部省令第24号）第24条で
　大学設置基準と同様の文言を使い定められている。
3：短期大学の図書館で扱われる情報メディアについては，「短期大学設置基準（昭和50年文
　部省令第21号）第29条で大学設置基準と同様の文言を使い定められている。高等専門学校
　の図書館で扱われる情報メディアについては，「高等専門学校設置基準」（昭和36年文部省
　令第23号）第26条で定められているが「資料の利用を促進するために必要な環境の整備」
　についての言及はない。

立国会図書館法」（昭和23年法律第5号）により定められている。そこで扱われる情報メディアについては，同法第2条で「国立国会図書館は，図書及びその他の図書館資料を蒐集し，……」と大まかに示したうえで，納本制度[4]の対象となる情報メディアを示した同法第24条第1項で以下のように示されている。

一　図書
二　小冊子
三　逐次刊行物
四　楽譜
五　地図
六　映画フィルム
七　前各号に掲げるもののほか，印刷その他の方法により複製した文書又は図画
八　蓄音機用レコード
九　電子的方法，磁気的方法その他の人の知覚によつては認識することができない方法により文字，映像，音又はプログラムを記録した物

　さらに，国，地方公共団体，独立行政法人等のインターネット資料の記録（第25条の3）やオンライン資料の記録（第25条の4）のようなインターネットという情報メディアを通じて発信・提供されている「その他の図書館資料」についても対象としている。国，地方公共団体，独立行政法人等のインターネット資料の記録は，いわゆるWebサイトを指しており，インターネット資料収集保存事業（Web Archiving Project：WARP）として収集，公開されている[5]。オンライン資料は，「電子的方法，磁気的方法その他の人の知覚によつては認識することができない方法により記録された文字，映像，音又はプログラ

4：納本制度は，図書等の出版物をその国の責任ある公的機関（日本の場合は国立国会図書館）に納入することを著者や発行者等に義務づけた制度のことで，出版物などを文化遺産として後世に継承していく目的がある。
5：国立国会図書館「国立国会図書館インターネット資料収集保存事業」http://warp.da.ndl.go.jp/（参照2022-02-22）.

ムであつて，インターネットその他の送信手段により公衆に利用可能とされ，又は送信されるもののうち，図書又は逐次刊行物」（第25条の４）に相当する電子書籍や電子雑誌のことである。国立国会図書館では，収集した電子書籍や電子雑誌を国立国会図書館デジタルコレクションの一部として公開している[6]。

　つまり，国立国会図書館は日本国内で頒布・公開目的でつくられたあらゆる情報メディアを対象に扱う図書館といえる。

1.5　専門図書館

　専門図書館は，扱われる情報資源に含まれる主題，情報メディアの形態，図書館の設置目的，対象とする利用者等が何らかの専門的に限定された図書館の総称である。専門図書館には，特定の主題を扱う研究所，博物館や美術館に附属する図書館，企業や各種団体の図書館，公共図書館や大学図書館のうち，特定の学問分野に特化した図書館，特定の人びとが利用することを前提とした情報メディアを扱う図書館がある[7]。つまり，公共図書館や大学図書館でありながら，専門図書館としてもみなされる図書館も存在する。このような専門図書館は，それ自体を定義する法的根拠もないため，定義がし難く，捉えにくい図書館ともいわれる。

　しかし専門図書館のなかには，楽譜や音楽レコード，音楽CD等を扱う音楽図書館や視覚障害者向けの点字刊行物，録音物，デイジーと呼ばれるデジタル録音図書（Digital Accessible Information SYstem：DAISY）を扱う点字図書館のように特定の情報メディアを専門的に扱う図書館が存在している。

　多様な観点で専門性が限定されている専門図書館において，実際に扱われている情報メディアをふまえれば，あらゆる情報メディアを対象として扱う可能性があるということになる。

　以上，図書館の種類ごとに，扱われる情報メディアの観点を確認してきた。

6：国立国会図書館「国立国会図書館デジタルコレクション」http://dl.ndl.go.jp/（参照 2022-02-22）.

7：具体的な専門図書館の例は，専門図書館協議会調査分析委員会編集『専門情報機関総覧 2018』専門図書館協議会，2018，876p を参照のこと。

いずれの図書館も図書を基本としながらも，あらゆる情報メディアを扱う対象変化にしていることが確認できる。それは図書館が新たな情報メディアの登場に合わせて，扱う対象を広げつつ取り込んでいく可能性を示している。

2. 図書館における情報メディア

　図書館は，管理運営やサービスを円滑に図るために情報メディアの捉え方を変えたり，複数の捉え方を組み合わせたりしている。本節では，図書館における情報メディアのさまざまな捉え方を①材質別，②管理目的別，③サービス目的別に整理し示していく。

2.1　材質別情報メディア

　図書館では，多様な材質の情報メディアが扱われている。これらの情報メディアを材質別に捉えることは，整理や保存，提供をしやすくする効果が期待される。以下で，図書館において，材質別に情報メディアを捉える一般的な分け方とメディアの特性をみていく。

2.1.1　印刷メディア

　印刷メディアは紙メディアとも呼ばれ，主に紙に印刷されたものを指す。その代表に図書や雑誌・新聞のような逐次刊行物がある。

　そのほかに，紙芝居，ポスター，絵葉書，かるた，複製絵画のような静止画資料，地図，楽譜などの印刷されたものが含まれる。

（1）図書

　図書は紙を複数枚綴じ合わせて表紙をつけ，一定の分量をもつものをいう。統一的な定義はないが，図書館では「うらおもての表紙を除き，49ページ以上の印刷された非定期刊行物」（1964年にユネスコ総会で採択された統計上の国際的基準）という定義で捉えられることが多い。49ページ以下のものは，パンフレット（小冊子）と区別している。そのなかでも，絵本は49ページ以下のものも多いが，パンフレットではなく図書として扱う図書館が一般的である。つ

まり，前述の定義は厳密に運用されるものではなく，目安に過ぎないということになる。

（2）逐次刊行物

逐次刊行物は同一の標題（タイトル）のもとに事前に完結を予定せず継続して分冊刊行されるメディアであり，刊行順を示す巻・号（volume・number）が付けられているといった特徴をもつ。図書館で扱われる代表的な逐次刊行物が新聞と雑誌である。

2.1.2　非印刷メディア

非印刷メディアは，印刷メディア以外のモノの形で存在する情報メディアの総称である。写真やスライドなどの視覚資料，レコードや CD のような聴覚資料，映画フィルムやブルーレイディスク（Blu-ray Disc）のような視聴覚資料，マイクロフィルムやマイクロフィッシュのようなマイクロ資料，CD-ROM や DVD-ROM のようなパッケージ系電子メディアがあり，何らかの再生機器を通して，メディアに内包される情報を取り出すという特徴をもつ。なお，非印刷メディアには再生機器を要しない打刻による点字資料，縫製による布製絵本，手書きによる写本のような印刷とは別の作成方法のメディアも含めて捉えられる。

2.1.3　ネットワークメディア

ネットワークメディアは，インターネットのことである。インターネットを通じて提供される情報をネットワーク情報資源と図書館では呼んでいる。検索エンジンを活用して見いだすことができる Web サイト，有料の商用データベース，電子ジャーナル，電子書籍，動画や音楽配信などが図書館で扱う対象となっている。

2.1.4　博物館的なモノメディア

本来は，図書館が対象とするのではなく，博物館が対象とするべきであると考えられているモノメディアのなかにも，図書館が扱う情報メディアとみなさ

れてきたものがある。例えば，地球儀や天球儀などの立体地図である。フランス国立図書館やオーストリア国立図書館では地球儀・天球儀の大規模なコレクションを図書館として有している。

2.2　管理目的別情報メディア

2.2.1　置き場から捉えた情報メディア

　図書館ではその管理上，開架と閉架，別置といった情報メディアを置き場や置き方で整理することがある。

　図書館に来館した利用者が自由に情報メディアを手に取ることができる状態を「開架」といい，使用頻度の低下，破損の危険性，稀覯性などの理由によって情報メディアを書庫に入れた状態を「閉架」と分けている。さらに，通常の書架に収納できない大きさの情報メディアや特別な再生機器を必要とする情報メディアを一般的な図書と分けてまとめて置く「別置」も行われている。

　このほか図書館の種類に応じた情報メディアの置き方もある。学校図書館では，教室にまとまった冊数の図書を置く学級文庫のような置き方がある。

2.2.2　所蔵目録の区分から捉えた情報メディア

　図書館では，所蔵する情報メディアの情報を目録として編纂し，利用者に向けて提供している。インターネットを通じて提供される所蔵目録（OPAC）では，図書，雑誌・新聞，視聴覚資料（CD, DVD, Audio Visual：AV）に分けて捉えることが多くみられるものの，図書館ごとに情報メディアの区分が異なっている。実際に，水戸市立図書館のOPAC[8]では図書，雑誌，AVの3区分で捉えているが，なかには東京都立中央図書館のOPAC[9]ように書写資料，写真，航空写真，仕掛絵本，大型絵本，布絵本，電子書籍など54区分して細かく捉えている例もある。

　こうした図書館の所蔵目録作成の基本となるが目録規則である。日本では，

8：水戸市立図書館「水戸市立図書館 OPAC」https://www2.library-mito.jp/WebOpac/
　　webopac/index.do（参照2022-02-22）.
9：東京都立図書館「蔵書検索」https://www.library.metro.tokyo.jp/（参照2022-02-22）.

「日本目録規則」にもとづき，目録作成が行われている。2018（平成30）年に「日本目録規則」は，新たな規則が公表された。そこでは情報メディアを物理的な側面からスライド，オンライン資料，ビデオディスク，冊子，巻物のような「キャリア」種別として捉えている[10]。

2.2.3　物品管理から捉えた情報メディア

　図書館では，その会計や物品管理の取扱いから情報メディアを備品としての固定資産と消耗品に分けて扱っている。一般には，長期的に継続して使用される図書のような情報メディアは備品とされ，新聞や雑誌のような一時的な利用にとどまる情報メディアは消耗品と判断される。ただし，新聞や雑誌であっても，製本され長期的な利用が意図されると消耗品から備品へと繰り入れられることが多い。

2.3　サービス目的別情報メディア

2.3.1　利用対象者から捉えた情報メディア

　公共図書館では想定される情報メディアの主な利用対象者（例えば①一般成人向け，②ヤングアダルト向け，③児童向け，④視覚障害者向け）を念頭においた扱いをしている。具体的には各対象者向けの出版物を図書館内で部屋を分けたり，空間を仕切ったりして情報メディアをまとめて扱うことで利用しやすくしている。学校図書館では，児童用資料（さらに，低学年用，中学年用，高学年用のように分ける例もある）・生徒用資料と教職員用資料に大別する扱いをしている。

2.3.2　利用の用途から捉えた情報メディア

　図書館では，利用の用途から情報メディアを分けて捉えることがある。情報メディアの種類を①通読を念頭においた閲覧（視聴）・貸出用の情報メディアと②部分的な参照を念頭においたレファレンス用の情報メディアの観点および，

10：日本図書館協会目録委員会編『日本目録規則2018年版』日本図書館協会，2018，https://www.jla.or.jp/mokuroku/ncr2018（参照2022-05-17）.

表VI-1　情報メディアの種類と用途，提供方法

情報メディアの種類	主な用途と提供方法
一般図書，児童図書	通読を目的として館内閲覧もされるが，多くが貸出での提供となっている
参考図書 （レファレンスブック）	調べものの用途として，部分参照することが念頭におかれている。いつでも参照できるように参考図書の多くが禁帯出での提供となっている
新聞	部分参照することが念頭におかれ，館内閲覧の用途とし，禁帯出が一般的である
雑誌	部分参照することが念頭におかれている。最新号は，館内閲覧の用途とし，禁帯出が一般的である。しかし，既刊号を貸出の用途での提供する図書館もある
CD（音声資料） DVD，ブルーレイディスク （映像資料）	通しでの視聴が一般的な情報メディアである。館内視聴の禁帯出のものもあるが，多くが貸出での提供となっている

貸出と禁帯出の観点からまとめたものが表VI-1である。

3. 読書センター・学習センター・情報センターとしての学校図書館

　これまで，1節ではどのような種類の図書館でも多様な情報メディアが扱われている点，2節では図書館が①材質，②管理目的，③サービス目的に応じて情報メディアの扱いを変えている点を確認した。一般に図書館を通した情報メディアの活用は通読（視聴）や部分参照の形態がとられる。学校図書館の場合は教育の目的に対応させた機能と結びつけて情報メディアの活用を捉えていくことが一般的である。2016（平成28）年に文部科学省が学校図書館の運営上の重要な事項についてその望ましいあり方を示した「学校図書館ガイドライン」[11]では，以下のように機能と情報メディアについて示している。

11：文部科学省「学校図書館ガイドライン」2016, http://www.mext.go.jp/a_menu/shotou/dokusho/link/1380599.htm（参照2022-02-22）.

　　学校は，学校図書館が「読書センター」，「学習センター」，「情報センタ
　ー」としての機能を発揮できるよう，学校図書館資料について，児童生徒
　の発達段階等を踏まえ，教育課程の展開に寄与するとともに，児童生徒の
　健全な教養の育成に資する資料構成と十分な資料規模を備えるよう努める
　ことが望ましい。

　学校図書館の機能を「読書センター」「学習センター」「情報センター」の3
つ[12]に分けて，それに合致する学校図書館資料を備えることが求められている。
具体的な情報メディアは「学校図書館ガイドライン」のなかで「図書資料のほ
か，雑誌，新聞，視聴覚資料（CD，DVD 等），電子資料（CD-ROM，ネット
ワーク情報資源（ネットワークを介して得られる情報コンテンツ）等），ファ
イル資料，パンフレット，自校独自の資料，模型等の図書以外の資料」「デジ
タル教材」「点字図書，音声図書，拡大文字図書，LL ブック[13]，マルチメディ
アデイジー図書，外国語による図書，読書補助具，拡大読書器，電子図書」を
挙げている。本節では，以上の学校図書館の機能と情報メディア種類をふまえ
ながら，その活用方法を整理し示していく。

3.1　読書センターとしての学校図書館と情報メディア

　「学校教育法」（昭和22年法律第26号）の第21条第5号では，義務教育の目標
として読書に親しませることが挙げられている。その目標は，学校図書館にお
いて捉えれば「児童生徒の創造力を培い，学習に対する興味・関心等を呼び起
こし，豊かな心をはぐくむ，自由な読書活動や読書指導の場である『読書セン

12：学校図書館の機能を「読書センター」と「学習・情報センター」の2つに分ける捉え方も
　　ある。この分け方についての事例は次を参照のこと。
　　子どもの読書サポーターズ会議「これからの学校図書館の活用の在り方等について（報
　　告）」文部科学省，2009，http://www.mext.go.jp/a_menu/shotou/dokusho/meeting/
　　__icsFiles/afieldfile/2009/05/08/1236373_1.pdf（参照2022-02-22）.
13：LL ブックは，スウェーデン語の l ättläst（やさしく読みやすい）に由来する図書である。
　　写真や絵，絵文字，短い言葉などで構成された発達障害を含む障害のある児童生徒を意識
　　した図書を指している。

ター』としての機能を果たす」[14]ことで達成されることになる。

　読書センターとしての学校図書館は，すべての児童生徒に，その発達段階や能力などに応じて，図書という情報メディアのなかから自分に適したものを自由に選択し読む経験に繋げるきっかけとなるような読書活動と読書のための環境を提供する役割を担うことになる。

　具体的には，以下のような読書を促す取り組みがある。

- 図書（絵本が一般的である）の読み聞かせ
- 暗記したお話を語って聞かせるストーリーテリング
- 複数冊の図書をテーマに沿って紹介していくブックトーク
- 面白いと思った図書を児童生徒が互いに紹介しあい，読みたいと思う図書を投票で決めるビブリオバトル
- おすすめしたい図書を紹介するPOPづくり
- 紙芝居の上演
- 棒の先端に付けた楕円形の厚紙の表裏に物語の登場人物を描き，物語の進行に合わせて棒で操る紙人形であるペープサート
- 物語の背景に見立てたエプロンにマジックテープを縫いつけておき，演者がエプロンポケットから人形を取り出してエプロンに貼り付けながら物語を演じる人形劇であるエプロンシアター

　読書のための環境整備は，児童生徒が自由に選択しうるだけの情報メディア（読書材）を準備しておくとともに，読書のための場所の整備も考えていかなければならない。

3.2　学習センターとしての学校図書館と情報メディア

　学校図書館の情報メディアを学習活動に活用しようとする根拠について，本章1.2学校図書館で言及した「学校図書館法」（昭和28年法律第185号）第2条

14：学校図書館担当職員の役割及びその資質の向上に関する調査研究協力者会議「これからの学校図書館担当職員に求められる役割・職務及びその資質能力の向上の方策等について（報告）」文部科学省，2014，http://www.mext.go.jp/component/b_menu/shingi/toushin/__icsFiles/afieldfile/2014/04/01/1346119_2.pdf（参照2022-02-22）.

の続き（以下の部分）が参考になる。

　　……児童又は生徒及び教員の利用に供することによつて，学校の教育課程
　　の展開に寄与するとともに，児童又は生徒の健全な教養を育成することを
　　目的として設けられる施設……

　学校図書館は教育課程の展開，すなわち授業内容を豊かにしたり，児童生徒
の学習活動を支援したりする役割がある。それが学習センターとしての機能で
ある。特に，児童生徒の自主的・主体的な学習活動が重視されるようになって
からは，学校図書館にも「主体的・対話的で深い学び（アクティブ・ラーニン
グの視点からの学び）を効果的に進める基盤としての役割」[15]が期待されている。
つまり，学校図書館の学習センター機能には，アクティブ・ラーニングの拠点
として児童生徒が必要となる知識や情報を豊富に取り揃えられた多様な情報メ
ディアを主体的に選択したり，組み合わせたりできるような環境整備が求めら
れている。

3.3　情報センターとしての学校図書館と情報メディア

　学校図書館における情報センターの機能は，読書センター機能や学習セン
ター機能を支える機能として捉えられている。
　情報センター機能から捉えた，学校図書館は学習センター機能に関わる「主
体的・対話的で深い学び」の実現に向けた対話的な協働学習として行う場と位
置づけられる。そして，児童生徒が見いだした情報メディアに含まれる情報を
既知の知識や情報と関連づけてより深く理解したり，知識や情報としての妥当
性を見直したりする場ともなるのである。つまり，情報センターとしての学校
図書館は児童生徒の学習活動を支える情報メディア活用能力の育成とそれを指
導する教員への教材・情報機器などの支援，情報モラルや著作権順守に関する
指導を重視している。

15：文部科学省「学校図書館ガイドライン」2016, http://www.mext.go.jp/a_menu/shotou/
　　dokusho/link/1380599.htm（参照2022-02-22）.

　学校図書館における情報メディアの活用能力（情報倫理や著作権順守も含む）の育成については，2019年に全国学校図書館協議会が発表した「情報資源を活用する学びの指導体系表」[16]が参考になる。

　この体系表では，学校図書館における情報メディア活用方法（情報リテラシー教育）の指導領域を「Ⅰ課題の設定」「Ⅱ情報メディアの利用」「Ⅲ情報の活用」「Ⅳまとめと情報発信」の４つの指導領域に分けたもの[17]を，小学校低学年・中学年・高学年，中学校，高等学校の５つの段階に分けてまとめている（表Ⅵ-2）。

　１ステップ目の「Ⅰ課題の設定」では，課題の設定（課題を見つけ，課題設定の理由を文章化すること）や学習計画を立てる（調査方法の検討，まとめに向けた見通しをもつこと）などが設定されている。

　２ステップ目の「Ⅱメディアの利用」では，学校図書館の活用方法（分類・配架のしくみ，情報検索法）の理解やメディアの種類や特性を生かして活用することが設定されている。

　３ステップ目の「Ⅲ情報の活用」では，情報メディアから必要な情報を評価したうえで取り出し，記録していくことが設定されている。小学校中学年以上では情報モラルや引用，著作権の順守に関わる内容も設定されている。

　４ステップ目の「Ⅳまとめと情報発信」では，伝えるために学習の結果をまとめること，レポートや口頭などの何らかの方法で発表（発信）すること，学習の過程と結果とを評価することが設定されている。

　「情報資源を活用する学びの指導体系表」は，学校図書館における情報メディアの活用を理解するための基本と考えられている。そのため，そのまま参考にされるだけではなく，この体系表を参考にして，島根県の大田市「大田小学校情報活用能力体系表」[18]や奥出雲町立阿井小学校「情報活用実践力系統表」[19]

16：全国学校図書館協議会「情報資源を活用する学びの指導体系表」2019，https://www.j-sla.or.jp/pdfs/20190101manabinosidoutaikeihyou.pdf（参照2022-05-17）.

17：学校図書館を活用するための基本的な流れをⅠからⅣの４ステップで示した表と捉えることもできる。

18：「大田小学校情報活用能力体系表」https://www.library.pref.shimane.lg.jp/kodomo-dokushoken/files/upload_id_4515.pdf（参照2022-05-18）.

表VI-2　情報資源を活用する学びの指導体系表（一部抜粋）　　凡例「◎」指導項目　「◇」内容　「*」例示

	I　課題の設定	II　メディアの利用	III　情報の活用	IV　まとめと情報発信
小学校低学年	◎課題をつかむ ◇教科学習の題材、日常生活の気づきから考える ◇見学や体験での気づきから考える ◎学習計画を立てる ◇学習の見通しをもつ ◇テーマが適切かどうか考える ◇テーマ設定の理由を書く	◎学校図書館の利用方法を知る ◇図書館のきまり *本の借り方・返し方 *図書の分類の概要 ◎学校図書館メディアの利用方法を知る ◇目次や索引の使い方 *絵本、簡単な読み物、自然科学の本、図鑑 *コンピュータ、タブレット	◎情報を集める *観察、見学、体験 *インタビュー *図書資料、図鑑 *コンピュータ、タブレット ◎記録の取り方を知る ◇カードやワークシートに書き抜く *タブレットやデジタルカメラで写真を撮る ◇日付や資料の題名・著者名を記録する	◎学習したことを相手や目的に応じた方法でまとめ、発表する *まとめ、発表文章 *口頭、絵、文章 *絵カード、クイズ *紙芝居、ペープサート、絵本、劇 *コンピュータ、タブレット ◎学習の過程と結果を評価する（自己評価・相互評価） ◇調べ方を評価する ◇まとめ方を評価する
中学校	◎課題を設定する ◇課題設定の理由を文章で書く ◇目的に合った発想ツールを使う ◎学習計画を立てる ◇調べる方法を考える ◇学習の見通しをもつ	◎学校図書館を効果的に利用するしくみ ◇分類、配架のしくみ ◇コンピュータ目録 ◇レファレンスサービス ◎目的に応じて各種施設を利用する *公共図書館、博物館、資料館、美術館、行政機関 ◎メディアの種類や特性を生かして利用する *図書資料、参考図書 *地図、年表 *新聞、雑誌 *ファイル資料 *電子メディア *人的情報源、フィールドワーク	◎情報を収集する *参考図書 *地図、図表 *新聞、雑誌 *ファイル資料 *電子メディア *人的情報源、フィールドワーク ◎記録する ◇ノートやカードに記録する ◇情報機器で記録する ◎情報源を記録する *著者名、ページ数、URL、確認日 *発行者、発行年、出版社、出版日 ◎情報を分析し、評価する *複数の情報を比較して評価する ◇目的に応じて評価する ◎情報の取り扱い方を知る *インターネット情報 *著作権、引用のしかた、出典の書き方 *情報モラル *個人情報の保護	◎学習の成果をまとめる ◇相手や目的に応じた方法でまとめる ◇事実と自分の意見を区別する ◇課題解決までの経過を記録する *資料リストを作成する ◎学習の成果を発表する ◇相手や目的に応じた発表の方法を考える *口頭、レポート、実演 *タブレット、ポスター、電子黒板、コンピュータ *わかりやすく伝えるための工夫をする *色づかい、表やグラフ、エフェクト ◇学習の過程と結果を評価する（自己評価・相互評価） ◇課題設定や学習計画の妥当性を検証する ◇利用したメディア、情報源を評価する ◇まとめ方や目的に応じて適切に発表できたかどうかを評価する *中間発表会をする *ポートフォリオなどを利用する

出典：全国学校図書館協議会「情報資源を活用する学びの指導体系表」2019

のような地域の実情を反映させた独自の体系表を作成する取り組みも行われている。こうした指導を通じて身につけられる力は，学習指導要領で学習の基盤となる資質・能力として例示された「情報活用能力」とも重なり合うものである。

4．探究的な学習と学校図書館における情報メディアの活用

　文部科学省は，探究的な学習について「課題の設定」→「情報の収集」→「整理・分析」→「まとめ・表現」という4つのステップを踏む探究の過程からなる問題解決的な活動が発展的に繰り返されていく一連の学習活動を指すとしている[20]。

　このステップは，前節で取り上げた「情報資源を活用する学びの指導体系

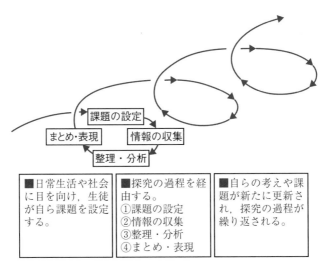

図Ⅵ-1　探究的な学習における児童生徒の学習の姿
出典：文部科学省「今，求められる力を高める総合的な学習の時間の
展開（小学校編）」2010，p.17.

19：「情報活用実践力系統表」https://www.library.pref.shimane.lg.jp/kodomodokusho-ken/files/upload_id_6871.pdf（参照2022-05-18）.

表」の「Ⅰ課題の設定」「Ⅱ情報メディアの利用」「Ⅲ情報の活用」「情報発信」という4つのステップとほぼ重なるものである。つまり，探究的な学習と学校図書館の親和性が高いことを示している。

学校図書館を活用した探究的な学習を行う際に重要となるのが，学習を指導・支援する人（司書教諭，学校司書，教員）の存在である。本節では，学校図書館における探究的な活動を念頭においた情報メディアの活用を行う際に，司書教諭，学校司書，教員が担うべき役割を見ておく。

4.1 司書教諭の役割

司書教諭の一般的な役割について，「学校図書館ガイドライン」では以下のように示している[21]。

……学校図書館の専門的職務をつかさどり，学校図書館の運営に関する総括，学校経営方針・計画等に基づいた学校図書館を活用した教育活動の企画・実施，年間読書指導計画・年間情報活用指導計画の立案，学校図書館に関する業務の連絡調整等に従事するよう努めることが望ましい。また，司書教諭は，学校図書館を活用した授業を実践するとともに，学校図書館を活用した授業における教育指導法や情報活用能力の育成等について積極的に他の教員に助言するよう努めること……

司書教諭は，学校図書館の情報メディアを活用した探究的な学習の企画と実施（授業実践も含む）をすることで，他の教員に対して活用が可能であることを示す必要がある。それとともに，他の教員に対して活用に向けた助言を行う役割を担う全体を見通す存在でなければならない。

司書教諭が全体を見通す存在となるためには，「学校図書館ガイドライン」

20：文部科学省「今，求められる力を高める総合的な学習の時間の展開（小学校編）」2010, p.17, http://www.mext.go.jp/component/a_menu/education/detail/__icsFiles/afieldfile/2011/02/17/1300464_3.pdf（参照2022-02-22）.

21：文部科学省「学校図書館ガイドライン」2016, http://www.mext.go.jp/a_menu/shotou/dokusho/link/1380599.htm（参照2022-02-22）.

で挙げられている年間読書指導計画・年間情報活用計画の立案を通して，教育目標や児童観・生徒観と現有する学校図書館メディアの整備状況とを結び付けて，情報メディアの適切な活用が図られるようなカリキュラム展開を考えていかなければならないということである。

4.2　学校司書の役割

　司書教諭とともに学校図書館の運営を担う学校司書の一般的な役割について，「学校図書館ガイドライン」では以下のように示している。

　　……学校図書館を運営していくために必要な専門的・技術的職務に従事するとともに，学校図書館を活用した授業やその他の教育活動を司書教諭や教員とともに進めるよう努めること……

　学校司書は，学校図書館を活用した授業を展開する前提となる受入・整理・目録作成・配架・相互貸借といった情報メディアの整備に関わる専門的・技術的職務を担う役割がある。もし，情報メディアが活用できる状態に整備されなければ，探究的な学習はうまく展開されなくなってしまうことになる。そうならないためにも，学校司書は情報メディアの整備を通して得られた知見を活用して，授業やその他の教育活動について司書教諭や教員とともに携わる役割を担っていく必要がある。

4.3　教員の役割

　「学校図書館ガイドライン」では学校図書館の活用に関して教員の役割を以下のように活用する存在と位置づけている。

　　……日々の授業等も含め，児童生徒の読書活動や学習活動等において学校図書館を積極的に活用して教育活動を充実するよう努めること……

　教員は主体的・対話的で深い学び（アクティブ・ラーニングの視点からの学

び）を実現するための必要な学習方法のひとつとして，探究的な学習があることを確認したうえで，そのための場として学校図書館が適していることを理解する必要がある。その理解にあたって学校図書館の情報メディアの活用が図られなければ，教育活動の充実に結び付けていくことが難しくなってしまうのである。

4.4　大学図書館による学修支援（ラーニング・コモンズ）

　伝統的な大学教育は，教室での一方向的な講義形式で行われる一斉授業で，学生はそれを聞いてノートをとるだけという授業が中世以来一般的となっていた。しかしながら，卒業論文執筆などの場面で求められる学問に対する学生の主体性が育っていないとの課題が認識されはじめると，学生を能動的に学ばせることが考えられるようになっていった。学生の能動的な学びが，アクティブ・ラーニングや共同学習であり，そのための場（図Ⅵ-2）を，ラーニング・コモンズ（アクティブ・ラーニング・スペース）と呼んでいる。

　そもそもラーニング・コモンズは，1990年代以降米国の大学図書館において，印刷メディアに変わるネットワークメディアの普及に伴う，情報リテラシー能力の育成に重点をおいたインフォメーション・コモンズ（代表例が1992年設置アイオワ大学のインフォメーション・アーケード）から発展したものである。

　図Ⅵ-2　大学図書館内のラーニング・コモンズの例（左：米国・テネシー大学，右：立命館大学）

筆者撮影

表Ⅵ-3　ラーニング・コモンズ設置大学数（日本）

年度	2010	2013	2015	2017	2019	2020
設置大学数	110	244	411	512	543	557

出典：文部科学省「学術情報基盤実態調査（旧大学図書館実態調査）：令和２年度の概要」[22]

　日本では，インフォメーション・コモンズからの発展ではなく，最初からラーニング・コモンズとして設置する大学が増加している（表Ⅵ-3）[23]。

　つまり，日本ではラーニング・コモンズが情報リテラシー能力の育成を意図したインフォメーション・コモンズからの発展ではなく，アクティブ・ラーニングや協同学習のための場として導入されたのである。その場は，「学習者中心の教育の不可欠な構成要素となることにより，主体的な学びを理解し，自立した学習活動を行う学生を養成すること」を目的として，①情報機器や電子的なリソース，図書館資料等を利用した自学自習活動，②協同学習やグループ学習による新たな形式の学び，③自主的なコミュニティ活動，④情報リテラシー及びアカデミックスキルの養成（教職員や学生等による支援活動），⑤その他の学習活動や学修支援活動が展開される[24]。

　日本の大学図書館における代表的なラーニング・コモンズは，お茶の水女子大学，千葉大学のラーニング・コモンズである。お茶の水女子大学附属図書館のラーニング・コモンズは日本の大学図書館でラーニング・コモンズが一般的ではなかった2007（平成19）年4月に設置された。大学図書館を会話の可能なラーニング・コモンズの空間と静寂を基本とする伝統的な図書館空間に分けて，

22：https://www.mext.go.jp/b_menu/toukei/chousa01/jouhoukiban/kekka/k_detail/__icsFiles/afieldfile/2018/03/23/1402574_2.pdf（参照2022-05-17）.
　　https://www.mext.go.jp/content/20210317-mxt_jyohoka01-000010393_2.pdf（参照2022-05-17）.
23：日本のラーニング・コモンズは，大学図書館内に設置される事例が多いが，常磐大学のT-LECOのような例外もみられる。常磐大学「ラーニング・コモンズ利用開始のお知らせ」https://www.tokiwa.ac.jp/information/2016/09/30/（参照2018-08-16）.
24：国立大学図書館協会教育学習支援検討特別委員会「ラーニング・コモンズの在り方に関する提言：実践事例普遍化小委員会報告」2015，p.25，https://www.janul.jp/j/projects/sftl/sftl201503a.pdf（参照2022-02-22）.

図書館を会話・議論しながら学ぶ場にしたことが特徴であった。千葉大学のア
カデミックリンクは，「『学習とコンテンツの近接』による能動的学習」を意図
して大学図書館と学内の他機関の連携で運営されており，静寂を基本とする伝
統的な図書館スペースと会話のできるアクティブ・ラーニング・スペースの双
方を備える特徴を有している。大学図書館のラーニング・コモンズが提供する
学修支援は，情報メディアを自主的に活用する能力を育成することへとつなが
っている。

VII

博物館における情報メディア活用

　近年の博物館は，情報技術を生かして展示や教育事業で利用者を楽しませると同時に，自然・文化遺産の保存と調査研究を行い，新たに情報やネットワークを生み出して学術研究やさまざまなコミュニティの発展を支えている。

　多様な資料と情報を集め，人に伝えるという意味で，博物館そのものがメディアと称されることがある[1]。博物館の展示も，来館者にメッセージを読み解いてもらう媒体としてのメディアと言うこともできる。しかし本章では，資料を効果的に展示して解説し，また資料の保存や調査研究を行い，そして，新たな資料や情報を生み出すための機器や手法を「情報メディア」と呼ぶ。そして，博物館における情報メディアの意義と活用を概説し，今後の展望を述べる。

1. 教育施設としての博物館の機能

1.1 「実物知」を見せる博物館

　日本の「博物館の父」と呼ばれる棚橋源太郎（1869-1961）[2]は，博物館を「眼に訴える教育機関」[3]と呼んだ。たしかに，博物館を教育施設として捉えるとき，その特質は，実物資料を用いた視覚に訴える教育方法にある。教科書などに書かれた文字にもとづき（language-based）学ぶというより，学習者が直接，実物を見ることで直観的に事物を把握できる（object-based）施設なのである。

1：梅棹忠夫『メディアとしての博物館』平凡社，1987など。梅棹忠夫（1921-2010）は国立民族学博物館の初代館長となった文化人類学者。
2：東京高等師範学校（現在の筑波大学）教授と同校附属の東京博物館主事を務め，ドイツの留学経験を生かして理科教育と博物館の振興に貢献した。
3：棚橋源太郎『眼に訴へる教育機関』宝文館，1930.

　さらに，博物館における知識の体系は，生物学などの学術研究や，理科など
の学校の教科を構成する「言語知」の対概念として「実物知」と言えるだろう。
「実物知」の体系は，特に視覚による情報を総合して多様な資料を鳥瞰的に，
あるいは特定の資料を微細に見ることにより，科学や美学，史学などの学術的
な領域の境界を飛び越えた世界像やミクロな発見を示すことができる。

　今日で言う博物館の前史となるが，大航海時代を経た欧州では，富裕層や趣
味人が自然物や美術工芸品のコレクションを独自の世界観で並べた陳列室
（cabinet）を公開した。18世紀以降は，自然科学や芸術などの学術研究と学術
団体の発達により，大英博物館（英国）やルーヴル美術館（フランス）をはじ
め，学術標本や美術品を体系的に展示する公共博物館が次々に誕生する[4]。

　また，1851年にロンドンで初めて開催された万国博覧会（万博）を皮切りに，
欧州や米国で工業製品や工芸品などを披露する博覧会が開催され，国内外の産
業や科学技術，美術工芸の発展がうながされたうえ，出品資料を元手に新しい
博物館が生まれ，既存の博物館も活性化された。後述する動態展示などの手法
や洗練された装飾，出品資料の華やかなコンテストや試食会などの工夫が，専
門家や一部の特権階級だけでなく，一般市民が楽しみ，科学や美術，歴史など
の理解を深める場として展示をはじめ，博物館そのものを普及させた。

　日本でも，1873（明治6）年のウィーン万博出品を契機に今日の東京国立博物
館や国立科学博物館が，1970（昭和50）年の日本万国博覧会（大阪万博）により
国立民族学博物館（民博）が生まれ，1985（昭和60）年の国際科学技術博覧会
（つくば万博）ではロボットや大型映像などの最新の技術が披露された。資料
は博物館活動の核であるが，情報メディアの発達は，日常の資料管理や調査研
究を支えるともに，意義ある展示や教育事業の実現に不可欠となっている。

1.2　博物館の教育機能の特性

　近代博物館は，一般市民の教育機関として普及していく。学校教育では実
験・観察を行う理科教育や，子どもの興味・関心，体験を重視する新教育運動

4：博物館史は，鈴木眞理編著『改訂博物館概論』樹村房，2004などを参照。

が盛んとなり，成人教育も広がる中で，博物館が活用されるようになる。米国では，1899(明治32)年開館のブルックリン子ども博物館を嚆矢に，子どもの体験を重視する「子ども博物館」が生まれる。20世紀前半には英国の大英自然史博物館などの伝統的な大型館で専属の模型制作者が活躍するなど，実物資料にこだわらず，模型やジオラマ，映像などが制作・活用されるようになる。

　日本では，ウィーン万博出品のために明治政府が全国から集めた逸品を引き継いだ教育博物館（現在の国立科学博物館）が，博物館の「教育」という目的を方向づけた。明治初期は昆虫や植物の標本や掛図といった教材を作成して学校教育の普及を支え，1884(明治17)年には当時の館長の手島精一 (1849-1918)[5]が一般向けの学術講演会を開き，物理学や動物学などの高度な内容を，実物資料の提示や実験を用いてわかりやすく解説した。

　明治末期には先述の棚橋源太郎が実質的な館長となり，実際に資料に触れて実験したり，図書室で調べたりできる展示を取り入れ，生活科学に関する特別展では映画会や試食会，廉売会も行い，幅広い来館者を集めた。また棚橋は，教育行政において博物館を社会教育施設として位置づけることに尽力した。

　第二次世界大戦の敗戦後，教育制度は大きく改革された。1949(昭和24)年に制定された「社会教育法」にもとづき，その2年後に初めての「博物館法」が成立した。その後の法改正を経て，今日の「博物館」は次のように定義される。

　「博物館法」第2条
　……歴史，芸術，民俗，産業，自然科学等に関する資料を収集し，保管（育成を含む。以下同じ。）し，展示して教育的配慮の下に一般公衆の利用に供し，その教養，調査研究，レクリエーション等に資するために必要な事業を行い，あわせてこれらの資料に関する調査研究をすることを目的とする機関……

　このように博物館は，資料の収集，保管，展示，調査研究に加え，国民の教

5：東京工業学校（現在の東京工業大学）の第2代校長を務め，工業技術教育に貢献した。
　　欧米の幻灯装置を日本に持ち込んだことでも知られる。

養，調査研究，レクリエーションなどに資する事業を行う使命がある。国民が「自ら実際生活に即する文化的教養を高め得る」環境（「社会教育法」第3条）となるべく，利用者の調査研究に応えられる資料・情報と機会を提供することに加え，レクリエーションとして，いわば知的な「遊び」も重視する。特に後者は博物館の教育機能の特性であり，楽しめる展示や教育事業によって，利用者の文化的教養の向上に努めている。

　高度経済成長期を経た1960年代後半は都道府県立の大型館が，1980年代以降は市区町村立館が急増し，博物館はいっそう身近な存在になっている。2021（令和3）年度の社会教育調査によると博物館及び博物館類似施設[6]の総数は5,771館あり，合わせて9,041人の学芸員が活躍している。近年は公立館で指定管理者制度の導入が進み，教育委員会の所管しない施設も増えた。文部科学省の組織改編により博物館行政は文化庁に移り，博物館は文化的施設として発展している。

1.3　情報技術の発達と博物館

　情報技術が発達した今日，博物館はさらに変化を続けている。法制上の変化だけでも，次の4点が挙げられる。

1.3.1　電磁的記録の扱い

　2008（平成20）年の博物館法改正により，博物館資料として「電磁的記録」が含まれることになった。（第2条第3項）。従来は有形の実物資料が中心であったが，デジタル写真・映像といった「資料の記録媒体の多様化」が法制上に反映された。さらに，2022（令和4）年の改正博物館法により，翌年4月より，「博物館資料に係る電磁的資料を作成し，公開すること」が義務づけられた（第3条第3項）。この法改正と新型コロナウイルス感染症対策により，全国の博物館で資料のデジタル化が推進されている。

6：「博物館法」上の登録館でないが，企業の史料館等の優れた施設が含まれる。なお，2022年現在，博物館登録制度の改正が検討されている。

1.3.2 実物，複製等に関する定義

　1951（昭和26）年に制定された博物館法にもとづき，1973（昭和48）年に公示された「公立博物館の設置及び運営に関する基準」では次の定めがあった。

- 一次資料……実物又は現象に関する資料
- 二次資料……一次資料に関する図書，文献，調査資料その他必要な資料

　同基準はこのほかに実物資料の収集・保管（育成）が困難な場合や教育上の展示資料，館外貸出用などの「模型，模造，模写又は複製の資料」を区別した。しかし，2011（平成23）年に告示された「博物館の設置及び運営上の望ましい基準」（以下，「望ましい基準」と示す）では一次・二次の区分はなく，現代の情報技術に即して博物館資料の定義が整理された。

- 博物館資料……「実物等資料」（実物，標本，文献，図表，フィルム，レコードなど）及び「複製等資料」（実物等資料の複製，模造若しくは模写した資料又は実物等資料に係る模型）
- 図書等……博物館資料に関する図書，文献，関係資料その他必要な資料

　このように「実物等」と表されたとおり電磁的記録による無形資料や，資料の複製なども，「博物館資料」として積極的に定義されることとなった。

　複製とされる資料のうち，例えば絵画作品であれば油絵の具の盛り上げ具合もわかるほど，実物資料を忠実に再現したものは「レプリカ」と呼ばれる。「模型」は主に歴史系や科学系の博物館で活用され，資料を原寸大や拡大・縮小して再現した制作物である。「ジオラマ」は実景模型と呼ばれ，背景に描かれた自然環境や建造物の手前に複数の模型を配置し，特定の時代や地域の風景や史実を再現する。レプリカや模写は，制作者が著作権をもつ作品，つまり実物資料となりうる特質をもつが，模型なども博物館資料として記録・管理され，来館者を楽しませるだけでなく学術研究に貢献できる可能性も秘めている。

1.3.3 デジタルデータの活用

　前出の「望ましい基準」では，利用の便宜や利用機会の拡大，また調査研究の成果の普及を図るため「インターネット等を積極的に活用するよう努めること」が定められた。すでに1997（平成9）年の著作権法改正で，博物館などがコ

ンピュータ（サーバー）に記録・入力した著作物のデジタルデータを自動公衆送信（インタラクティブ送信）できる「送信可能化」を含む公衆送信権も創設されており，近年はオンラインのデータベースの構築やバーチャルな「ツアー」がいっそう発展し，3．で後述するとおり来館しない利用の仕組みが整えられてきた。

　著作権者の権利を侵害しない配慮が必要であるが，情報技術の発達を背景に，画像などのデータの種類や利用範囲の拡大が図られている。日本国内のアーカイブ構築も進められ，国が主導するものでは文化庁の「文化遺産オンライン」図Ⅶ-1（2008年-），東京，京都，奈良，九州の4つの国立博物館を所管する国立文化財機構が開設した国宝・重要文化財の高精細画像を多言語で閲覧できる「e国宝」（2010年-），全国の自然史系博物館の標本と研究員・学芸員の情報が検索できる国立科学博物館が運営する「サイエンスミュージアムネット（S-Net）」（2016年-）などがある。これらは専門家に限らない利用者が，全国

文化財に関する資料情報のポータルサイト。2022年11月現在，1千を超える国・公・私立館の27万点を超える資料情報が公開される。デジタルビューア機能「日本列島タイムマシンナビ」（2022年-）等で一般の利用者も楽しめる。

図Ⅶ-1　文化遺産オンラインのトップページ

の資料情報を横断的，またテーマ別に検索したり，サムネイル画像で一覧でき
たりするなど，視覚的にわかりやすいよう工夫されている。

1.3.4 映像などを積極的に活用した展示方法

　「望ましい基準」では，展示の効果を上げるための展示方法の工夫として，
「図書等又は音声，映像等を活用する」ことが定められていた。一般に展示室
では静寂を保ち，資料に触れないことを原則とするが，博物館の種類や展示の
目的により，また後述する「体験型展示」では特に，実際に資料に触れ操作し
たり，迫力ある映像を視聴したりする展示方法が工夫されるようになった。

　今日の学芸員は情報メディアの理解と活用が必須とされる。大学等での学芸
員養成課程は，1996（平成 8 ）年度より「視聴覚教育メディア論」および「博物
館情報論」（各 1 単位）が置かれ，「博物館施行規則」改正により2012（平成24）
年度以降は 9 科目19単位と必修科目が増え，上記の 2 科目は廃止され，「博物
館情報・メディア論」（ 2 単位）が新設された。このほかに新設された「博物
館教育論」「博物館展示論」（各 2 単位）などでも情報メディアの扱いは避けら
れないことから，ICT に関する学習は学芸員養成で強化されている。

　そして，2020（令和 2 ）年の新型コロナウイルス感染症の世界的な拡大の影響
で，資料の管理や教育事業のデジタル化は急務となった[7]。

2．展示・教育事業における情報メディア活用

2.1 展示方法と情報メディア

　本節では，来館者の文化的教養を高めるべく，特に展示において情報メディ
アがどのように活用されるかを見ていく。1973（昭和48）年に出された「公立博

7：2021年に UNESCO（国際連合教育科学文化機関）の報告書（Museums Around the
　World in the Face of COVID-19）と日本の文化庁の審議会のワーキンググループによ
　る審議のまとめ（博物館法制度の今後の在り方について）が出され，デジタル・アーカイ
　ブ構築と情報発信，価値の共有の必要が示された。

表Ⅶ-1　展示手法による分類

a	静止展示	・最も基本的な手法で，資料を静止した状態で展示 ・いかに見やすい環境を作り上げるかが重要
b	映像展示	・実物資料の補助資料や，一次資料と同格の映像，CG を展示
c	飼育栽培展示	・動植物園，水族館などで生物を飼育・栽培しながら展示 ・生育環境を復元した生態展示も盛ん
d	復元展示	・古い町並みや景観，建築遺構などを復元した展示 ・二次元資料にはイラスト，アニメーション，CG など。三次元資料にはジオラマ，模型など
e	動態展示	・自動車などを実際に利用されていた状態で動かして展示 ・資料そのものの機能を展示したい場合に適する
f	演示	・科学系博物館などで見学者に直接，事件などを見せる ・イベント性が高く，見学者に強い印象を与える
g	体験展示	・見学者が作品に触れたり，操作をして体験的に理解する ・手で触れる展示は「ハンズオン」などと呼ばれる
h	参加型展示	・見学者が体験展示より積極的，能動的に展示に関わる ・現代美術作品が来館者の参加により成立したり，展示の企画そのものを市民参加型で行う展示もある

出典：酒井一光「展示の形態と分類」小原巌編集『博物館展示・教育論』樹村房，2000，p.28-37の内容を編集

物館の設置及び運営に関する基準」は展示方法を「総合展示，課題展示，分類展示，生態展示，動態展示等」と区分したが，現行の「望ましい基準」では，あえて分類を示していない。そのため本章では，大阪歴史博物館学芸員の酒井一光の分類表Ⅶ-1をもとに，それぞれの情報メディアの特質を見ていく。

2.2　さまざまな展示方法と情報メディア活用

2.2.1　静止展示

　展示の基本型で，資料を静止した状態で提示する。来館者が実物資料を鑑賞，観察できる唯一かつ最良の方法である。実物資料のほかに，ジオラマなどの展示資料を傷めず，来館者の導線も妨げないよう，環境を整えることが課題である。配列や照明，展示ケース，また「キャプション」と呼ばれる小型の説明板

は，博物館職員や展示設営業者が展示に合わせて改良を重ねている。

　専用のレシーバーを貸し出し，イヤホンやヘッドホンで解説を聞くことがで
きる音声ガイドも普及している。展示室内の所定のポイントで自動的に音声を
流すシステムや，人気俳優が語るドラマのような解説を楽しめる企画展もある。

　国立文化財機構は2018（平成30）年，東京国立博物館内に文化財活用センター
を設置し，すべての人が文化財に親しめるよう，情報技術を活用したコンテン
ツ開発とモデル事業の推進，また，文化財のデジタル資源化への推進と国内外
への情報発信に取り組んでいる。先端的な技術を使ったレプリカ制作や視覚的
に美しく，わかりやすい見せ方の開発により，文化財に触れる機会が少なかっ
た人にも鑑賞を促し，文化財保存の意識を高めることがめざされている。

2.2.2　映像展示

　展示品に関する多様な情報を視聴覚により効果的に伝える，情報メディアの
特質が最も発揮される手法である。次のものが挙げられる。

（1）展示室内の解説映像

　第一に，展示品に関する情報を提示するディスプレイが挙げられる。強い光
や音，また大きすぎる画面などで展示品の鑑賞を妨げ，導線を遮ったり，実物
資料を劣化させたりしないことは前提であり，動画の場合は短めに編集され，
ヘッドホンを装着して視聴する展示もある。小型画面に自動で映像が表示され
るもの，来館者が端末のボタンやタッチパネル式の画面を操作してメニューを
選択する形式，高精細の画像を拡大・縮小できたりするものなどがある。

　国立科学博物館（東京都台東区）の常設展示室では，キオスクと呼ばれるタ
ッチパネル式の展示情報端末を操作して資料や展示のテーマに関する詳しい解
説や動画を閲覧できる。スマートフォン等のモバイル端末を持参すれば，多言
語展示解説支援システム（かはく HANDY GUIDE）を使って無料で解説文を
閲覧できる。

（2）展示内の独立したスペースでの解説映像

　展示室内の，来館者の展示の鑑賞や導線を妨げない独立したコーナーや小部
屋で，資料や展示のテーマに関する映像を上映する。長くて１時間程度の，テ

レビ番組制作会社が制作したドキュメンタリー番組などが多い。

　NHK が開発したハイビジョンと呼ばれる高精細度テレビは，1989（平成元）年の実験放送開始と同時に岐阜県美術館の「ハイビジョン・ギャラリー」に設営され，全国で普及した。近年は4K や，現在の地上デジタル放送の16倍もの画素数をもつ8K 方式などが開発され，2022（令和４）年の東京国立博物館創立150年記念特別企画「未來の博物館」では，文化財活用センターと NHK による8K 映像技術と3DCG 技術を活用した鑑賞体験が試みられた。高精度の映像はコンテンツや装置の開発や維持管理，更新にコストがかかることが難点であるが，美しく臨場感のある映像表現は鑑賞や観察の新たな方法となってきた。

（3）展示のテーマや博物館の特徴を表現するイメージ映像

　主に博物館や展示室の入口で，一般の来館者を対象に展示のテーマや資料への理解と期待を高める導入展示として，10分程度のイメージ映像が活用される。大型画面の他，複数の画面を組み合わせて情報量と迫力と加える方式があり，後述するプロジェクションマッピングなども含まれるであろう。

　鉄の歴史館（岩手県釜石市）は，江戸期の洋式高炉の原寸大模型と15分程度の映像を組み合わせた総合演出シアターで近代製鉄の歴史を幻想的に見せる。橋野高炉跡は2015（平成15）年に明治日本の産業革命遺産として世界遺産に登録されたが，見学は容易でないため，「グーグルストリートビュー」等を活用した映像資料を充実させている。

（4）特別な施設・設備を利用した映像展示

　一般の常設展や企画展の展示室とは別に，映像専用の施設・設備をもつ博物館もある。大型画面で高精細の映写システムには，一般家庭にも普及するハイビジョンや8K 映像などの他，独自の規格もある。例えば，アイマックス社（カナダ）のシステムは，自然環境や生物などを緻密に撮影した高精細度の映像フィルムを正方形に近い大画面やドーム型の大型スクリーンに投影し，大阪万博，つくば万博をはじめ，比較的規模の大きい科学館などで導入された。

　アイマックス社のシステムが，2009（平成21）年以降はデジタル上映方式が主流となったように，ドーム型の天井に星空を投影するプラネタリウムも，天文学研究と情報技術の発達を背景に変化してきた。

　プラネタリウムは，1925(大正14)年に一般公開されたドイツ博物館の初代館長となったオスカー・フォン・ミュラー（1855-1934）の依頼で，ドイツの光学・精密機器メーカーが開発した。同社の装置は，日本では1937(昭和12)年開館の大阪市立電気科学館（現在の大阪市立科学館の前身）や，1957(昭和32)年開館の五島プラネタリウム（東京都渋谷区，2001年に閉館）に設置され，多くの天文ファンや子どもに親しまれた。1959(昭和34)年に国産初のプラネタリウムを開発した五藤光学研究所（現在は東京都府中市）は，1970(昭和45)年の日本万国博覧会（大阪万博）や翌年開館の川崎市青少年科学館（神奈川県）の投影で注目を集めた。大阪万博の他，近年は日本科学未来館（東京都江東区）が導入したシステム「メガスター」を開発した大平技研（神奈川県横浜市）が，小型軽量化や省電力化を進めている。大型・特殊映像は開発や維持管理にコストがかかり，一般の入館料のほかに映像観覧のための別料金を徴収する博物館が多いが，デジタル投影の技術の発達・普及によりコストが低減されることが期待される。

　ほかにも「ビデオ・ライブラリー」などの名称で普及した，オンデマンド式のビデオ視聴システム（ビデオ・ライブラリーなどの名称）が挙げられる。先駆けは，大阪万博の跡地に1977(昭和52)年に開館した国立民族学博物館（大阪府吹田市）に置かれた「ビデオテーク」である。コックピットのような独立したブースで，民俗学や文化人類学の資料としてさまざまな国や民族の食生活や神事などの生活習慣や無形文化を撮影した映像を選び，視聴できる。現在は，ビデオテークの情報を展示案内用の電子ガイドと連携し，スマートフォンで操作可能となった。

2.2.3　飼育栽培展示

　先述の博物館法第2条で，資料に関して括弧書きで「育成を含む」とあるとおり，日本では生物を飼育・栽培する動物園や水族館，植物園も博物館の一種である。動植物は「なま」の迫力があるが，情報メディアの活用により，観察だけではわからない情報量を加え，魅力を増す工夫がなされている。

　1967(昭和42)年開館の旭山動物園（北海道旭川市）は，動物が自由に動く様

クラゲを展示するホール全体に，クラゲの生態や飼育の歴史を紹介する映像を投影。まるで海に潜ったような，幻想的な視聴体験ができる。

図Ⅶ-2　新江ノ島水族館（神奈川県藤沢市）の「3D プロジェクションマッピング」を活用したショータイム（2022年現在休止中）
提供：新江ノ島水族館

子を見せる「行動展示」を提唱して1997(平成 9)年に水鳥が飛ぶ「ととりの村」を皮切りに動物舎を次々と改修し，海外の観光客も集める動物園となった。2017(平成29)年より Web サイトで VR 映像を公開し，事前に行程をシミュレーションしたり，動画で動物の特長を学んだりできるよう工夫された。

　最新の映像技術による演出も見られる。例えば「プロジェクションマッピング」は，壁面や立体物に CG を投影し，観客の錯覚を利用して立体物が動いたり色彩が変化したりするように見える視覚体験ができる。博物館の導入展示として人気があり，新江ノ島水族館（神奈川県藤沢市）のクラゲの展示室などで上映された。その他，2017(平成29)年にすみだ水族館（東京都墨田区）では，ミラーボール状のオブジェの光の反射により，ペンギンのプール型水槽のあるゾーンに幻想的な海中空間を表現するイベントを行った。

　動植物の日常を見せる生態展示や，魚やヒトデに触れるタッチングプールなどは，観察に適しているが，動植物を危険やストレスにさらさないよう，生命倫理や動物保護の問題[8]，また来館者を含めた感染症予防への注意が必要である。これらの問題の啓発や改善にも，情報メディアの活用が期待される。

8：特に1973（昭和48）年採択の「ワシントン条約」（「絶滅のおそれのある野生動植物の種の国際取引に関する条約」）は，規制対象の動植物を指定している。

2.2.4　復元展示

　失われた自然環境や過去の町並みの説明にリアリティをもたらすのは，模型やジオラマなどによる復元展示である。建築物や乗り物を縮小模型とし，人形を配することで，来館者が全景を把握しやすいといったメリットもある。

　館内にある原寸大の復元展示は，中世の瀬戸内の集落（草戸千軒）を再現した広島県立歴史博物館（広島県福山市）や，江戸の庶民の住む下町の問屋街が再現された深川江戸資料館（東京都江東区）が事例に挙げられる。照明などの装置の演出により，展示室全体で天候や朝昼晩の移り変わりを体験できる。

　平成年間の発掘で縄文時代の大規模集落跡が現れ，特別史跡に指定された三内丸山遺跡（青森県青森市）では，広大な公園内に竪穴建物などが復元された。2015（平成27）年に始めた「IT ガイド」は，GPS の機能を活用した VR 体験ができ，所定の場所でタブレット端末を操作すると画面にキャラクターが映り，縄文人が木の実を収穫したりするムラの風景が映像や音声で解説される。隣接した展示施設「縄文時遊館」では，タブレット端末の画面で土偶や土器の3D画像を回転，拡大させたりして観察できる。神奈川県鎌倉市は2010（平成22）年から工学系の大学との協働で，源頼朝が建立し，1980年代に発掘された永福寺の CG を制作している。史跡永福寺跡では，スマートフォンアプリ「AR 永福寺」を使って所定の看板をカメラで見ると，伽藍や庭園の復元画像が見える。鎌倉歴史文化交流館では，VR ゴーグルをとおして現地を散策しているような疑似体験もできる。

2.2.5　動態展示

　電車などの乗り物や機械などを，博物館職員が操作したり，来館者がボタンを押したりすることなどで動きを見せる展示方法で，古くは19世紀後半，ロンドンの科学博物館（英国）の前身となったサウスケンジントン博物館で，パフィング（煙を吐く）ビリーと呼ばれた蒸気機関の展示にさかのぼる。

　1994（平成 6 ）年開館のトヨタ産業技術記念館（愛知県名古屋市）では，20世紀初頭に紡績工場で使われた織機を実演し，早く細かい動きと大音量の迫力を体感できる。貴重な資料を傷めないよう，また来館者がボタン操作で遊ばない

制作された CG 画像の一つ。スマートフォンアプリや VR ゴーグルを活用し，往時の大伽藍が見える体験ができる。

図Ⅶ-3　国指定史跡永福寺跡（神奈川県鎌倉市）の復元 CG
提供：湘南工科大学　長澤・井上研究室

よう注意が必要だが，博物館ならではの効果的な展示方法である。

2.2.6　演示（デモンストレーション）

　科学館での物理化学の実験や，歴史系博物館での伝統芸能の実演などがある。からくり人形や和時計などの貴重な歴史資料を動かす演示も行われている。科学技術館（東京都千代田区）では高度な科学の知識を「遊び」で学べるよう，子ども自身の実験や観察を重視しているが，液体窒素や放射線なども扱って科学の面白さを示す「実験ショー」が毎日実施されている。スキルの高い演示者が実験機器やプログラムを自ら制作し，「なま」の迫力が鑑賞できる。

2.2.7　体験展示

　来館者が直に資料に触れ，展示物を操作することで，体感的な理解を目的とする。科学館などでの実験・観察は一般的であるが，歴史系博物館や美術館においても，望ましい展示のあり方として「参加体験型」は推奨される傾向がある。特に手で触れることのできる展示は，「触らないで」と来館者に禁止するルールへの皮肉もこめて，「ハンズ・オン」などと呼ぶ実践もある。

　体験展示は，米国の科学館や子ども博物館（チルドレンズ・ミュージアム）
での手法がルーツとされ，海外の代表例に米国で1世紀前に創設されたブルッ
クリンやボストンにある子ども博物館や半世紀前に開館したエクスプロラトリ
アム，1980年代に開設された英国の「ユーレカ！」，フランスのシテ科学産業
博物館などがある。日本でも1990年代に 'Learning by Doing' をコンセプト
とするキッズプラザ大阪や，大阪府立大型児童館ビッグバン（2021年に堺市に
移管）などがある。既存の多くの博物館でも，特に子どもの来館者を対象に体
験型の展示が導入されている。これらの博物館は，多くの子ども博物館が
'non collecting museum' という理念を示しているように，展示品が実物であ
ることは必須要件ではなく，体験により科学や歴史などの原理を理解すること
に重点が置かれる。そのため，デザイン性の高い装置や，複製の化石を掘る砂
場，買い物体験ができる疑似店舗など，子どもの体験活動や興味・関心を重視
した独自のプログラムが考案されている。

　航空機や電車などの運転を体験できるシミュレーション装置は，子どもだけ
で無く大人の来館者にも人気がある。職員研修用に使用される装置の導入や，
VR映像を生かした装置もあり，臨場感のある体験ができる。

　視覚障害のある来館者が彫刻作品などを触って鑑賞できる展示手法もあり，
草分けに1984(昭和59)年開館のギャラリーTOM（東京都渋谷区）が挙げられ
る。近年では鑑賞方法に関する研究や3Dプリンターなどの開発を背景に，障
害の有無にかかわらず「手で見る展示」は普及している。一般の体験展示に共
通するが，体験活動そのものが目的化していないかは検証する必要がある。

2.2.8　参加型展示

　体験展示とほぼ同義だが，展示の内容面まで来館者がより深く関わることが
特長である。いわばデータベースの構築や，展覧会の企画段階に一般市民が加
わることは，望ましい展示や博物館活動の指標とされる傾向がある。

　市民参加によって展示と，その前提となる資料情報を作成した実践例には，
1980年代以降の平塚市博物館（神奈川県）が挙げられる。一般市民の参加者と
セミの抜け殻や海岸の漂着物などを集めて「資料」として収蔵・調査し，実際

に展示している。現代美術の分野では，来館者が加わることで作品が成り立つインスタレーションや，身体表現によるパフォーマンスなどがある。

　近年はSNSの発達により，投票によって展示品を選んだり，著作権が考慮された展示に限られるが，来館者が展示品や自らの体験活動を写した映像やコメントを投稿したりすることで，利用者の幅と体験内容を厚くしている。

3．情報メディアの発達と博物館活動の展望

3.1　実物資料の概念の変化

　3．では，情報メディアの発達とその活用をふまえ，これからの博物館活動の展望を，3つの視点で述べる。

　第一に，実物資料のデータ化による，実物の概念の変容である。

　今日の博物館資料は，文字だけでなく画像や音声等も含めて資料情報が記録・集積される。そして，各館や専門分野，地域，言語，年代などの別に構築されたデジタルアーカイブは，機器の技術・機能や著作権などの権利，倫理・モラルにもとづく制限はあるが，技術的にはすべて検索・閲覧が可能である。

　欧州連合（EU）が2008(平成20)年に一般公開を始めたヨーロピアナ（Europeana）は，2020年までに欧州内の6千万点近くの美術工芸品や書籍，映画，音楽などの多様なデータが検索可能となった。博物館や研究機関，また国・地域などが提供するデジタルアーカイブのデータを集約・公開する仕組みで，学術研究にも活用される高い信頼性をもつ。米国の米国デジタル公共図書館（DPLA）も同様の仕組みであり，日本でも2019(平成31)年より国立国会図書館が運用する「ジャパンサーチ」に100を越える機関が連携している。

　民間のアーカイブでは，検索エンジンを開発・運用するグーグル社（米国）が2011(平成23)年に始めたWebサービス‘Google Arts & Culture’が，2,000以上の施設の情報を擁するネットワークに成長した。数万点の資料画像のうち一部は高解像度で撮影され，オンラインの「ツアー」ができる。

　ロンドン大学教育研究所のパム・ミーチャム（Pam Meecham）は，コピー

や印刷，また代替物の制作が自由になり，実物（オリジナル）と複製，また高
級芸術と大衆文化の区分も曖昧になった現状を指摘する[9]。その現状は，むしろ
博物館に「実物」と，実際の来館による鑑賞を求める風潮を強めており，新た
な視覚体験の開発が必要であるとミーチャムは述べる。

　たしかに，情報メディアの発達した今日では，視覚の重要性が高まっている。
例えば映像パネルにより，小難しい解説文を読まなくとも，まさに一目瞭然に
理解できる。音声ガイドも充実し，資料に添えるキャプションや解説パネルが
縮減されると，展示された実物の鑑賞・観察への集中を促すこともできる。

　一方で，情報メディアが介在する「実物」には留意する必要がある。実際に
存在せず，映像やオンラインの情報で浮かび上がる「実物」とは何であろうか。
その資料は，特定のメディアや人が編集した「実物」であり，データ化できな
い言語や時代の情報が抜け落ちたり，逆に誇張される恐れもある。

3.2　博物館と利用者との関わりの変化

　いずれにしても情報技術の発達によって，博物館の利用のあり方は大きく変
化した。これからの博物館の展望として第二には，博物館利用（アクセス）の
変化と，特に博物館と利用者，また利用者相互の双方向の関わりを挙げたい。

　今日はオンラインで，それもサムネイル画像などで専門家でなくとも視覚的
にわかりやすい方法で資料情報の検索・閲覧ができる上，バーチャルミュージ
アムなどと呼ばれるように「来館しない利用」が可能となっている。さらに，
SNSを活用し，博物館や他の利用者との情報・意見交換も可能である。

　新型コロナウイルス感染症対策のため，多くの博物館でオンラインのコンテ
ンツが開発され，ネット上で館内を360度見渡せる視覚体験ができたり，子ど
も用の教材をダウンロードできる等の工夫がなされた。

　また，SNSやビデオ会議システムを活用し，10代（ティーンズ）等のテー

---

9 : Meecham, Pam. "Social Work: Museums, Technology, and Material Culture."
In Drotner, Kirsten and Schrøder, Kim Christian (Eds.), *Museum Communica-
tion and Social Media: The Connected Museum*, Abington: Routledge, 2013,
pp.48-49.

マや対象を絞ることで活発な情報・意見交換を促している。ブログや動画配信
を使って情報発信する学芸員も増えている。

　先述のヨーロピアナは，欧州の豊かな文化遺産を，一般の人びとが仕事や学
習だけでなく「楽しみ」のために，より簡単に利用できるようにすることをミ
ッションに掲げている。日本の博物館法の定義にも「レクリエーション」があ
る。いっそう多様な利用者が博物館を楽しみ，情報・意見交換ができるよう，
情報メディアのもつ双方向の特性を生かすことが期待される。

3.3　アクセス保障のためのメディア活用

　2006（平成18）年に国連総会で「障害者の権利に関する条約」が採択され，日
本は翌年に署名し，「障害者基本法」などが大きく改正された。そして2013（平
成25）年に「障害を理由とする差別の解消の推進に関する法律」（「障害者差別
解消法」）が制定され，もちろん博物館も障害者の権利利益を侵害する社会的
障壁を取り除くための必要かつ合理的な配慮を行うことが求められている。

　すでに米国では1990（平成2）年に「障害を持つアメリカ人法」（ADA）が，
英国では1995（平成7）年に「障害に関する差別に関する法律」（DDA）が成立
し，施設・設備の環境整備等の他，障害者自身がスタッフとして博物館に関わ
るための意識改革も進んでいる。

　博物館には，あらゆる利用者に対してアクセスの内容・方法を充実させる責
務がある。そのため対応は二つの方向性がある。一つは，情報保障である。来
館者が受け取るはずの情報を「補う」発想に立ち，例えば視覚障害者や弱視者
に対する触地図等のハード面の他，音声ガイドや拡大文字の表示の充実が挙げ
られる。もう一つは，障害の種類・程度による特性や背景にある文化を尊重し，
その特性や文化にもとづいた展示や情報提供，教育事業などを行う方針で，い
わば新たなアクセス手段を開くことである。

　2000年代は法整備により施設・設備面のバリアフリー化は当然となり，情報
メディアの発達も相まって音声ガイドや触図等の情報保障のためのさまざまな
情報端末の開発や，インターネットによる利用拡大も進められてきた。国立民
族学博物館准教授で，自らも視覚障害のある広瀬浩二郎が提唱する「ユニバー

サル・ミュージアム」[10]に類する取り組みも広がっている。

　今後は，先述の二つの方針で言うと後者の充実，つまり，それぞれの障害の特性や障害者が有する文化をふまえて，情報メディアを活用して新たなアクセス手段を開くことが期待される。2018（平成30）年は「障害者による文化芸術活動の推進に関する法律」が制定され，国と地方公共団体は障害者による文化芸術の鑑賞や創造，発表の機会の確保・拡大を計画的に進めることとなった。

　基礎的な情報保障を前提に，試験的な取り組みも目立つ。2017（平成29）年から翌年にかけ「視覚障害者とつくる美術鑑賞ワークショップ」（代表：林建太）は，横浜美術館（神奈川県横浜市）のコレクション展にて「きくたびプロジェクト　横浜美術館編」を開催した。「作品や場所に出会うきっかけづくり」を目的に音声作品が制作され，YouTube で公開された。実力派の俳優が作品だけでなく館内の様子も含めて戯曲のように語る。来館者は自分のスマートフォンを使用でき，館外で聞くこともできる。

　聴覚障害者や難聴のある人に対しては，補聴器のテレコイルの機能と連動して建物内の音声を聞き取りやすくする磁気ループシステムの導入館が増えている。しかし，「見える」ために鑑賞や観察に不自由しないとみなされる聴覚障害者のニーズを博物館側が汲みとり，展示や教育事業等に反映させる必要がある。日本手話を使うろう者や手話を使わない中途失聴者など，障害の特性は一人ひとり異なり，解説用の映像も字幕または手話入り，静止画等，要望もさまざまである。さまざまな障害について当事者のニーズを聞き，参画を促すことで，あらゆる人にとっても新たなアクセス手段となりうる情報メディアやプログラムを開発することが実現可能となってきた。

　2021（令和3）年に唯一性をもつデジタルデータで制作された「NFT（Non-Fungible Token）アート」が美術市場で高額で取引され始め，米国シアトルで「NFT ミュージアム」が教育事業を始めた。翌年にはニューヨーク近代美術館（MoMA）がデジタル事業拡大のために一部の20世紀の絵画作品の競売

10：日本博物館協会編『誰にもやさしい博物館づくり事業：バリアフリーのために』（博物館の望ましい姿シリーズ4）日本博物館協会，2005；広瀬浩二郎『ひとが優しい博物館：ユニバーサル・ミュージアムの新展開』青弓社，2016などを参照。

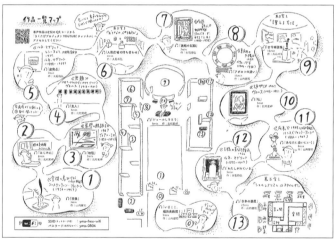

横浜美術館コレクション展の展示品や館内の風景から創作された物語
を語る俳優の音声を, スマートフォンや動画共有サービス (YouTube)
で聴くことができる。

図Ⅶ- 4　視覚障害者とつくる美術鑑賞ワークショップ「きくたびプロ
　　　ジェクト　横浜美術館編」(2017-2018) の鑑賞風景 (写真：中島祐
　　　輔) とマップ

を始めた。

　しかし，デジタルアートが普及したとしても，「本物」を集めて見せる博物館の意義は変わらない。ヨーロピアナが2020-2025年のミッションで示したとおり，デジタルトランスフォーメーションによって博物館はアクセスの手段を強化し，人々の教育や調査研究，そして創作，レクリエーションを促す場としていっそう期待される。

参考文献

■I章

石井正司『直観教授の理論と展開』（教授理論研究2）明治図書出版，1981.

井ノ口淳三「コメニウスの『世界図絵』1662年版に関する一考察」『追手門学院大学人間学部紀要』12，2001，85-96.

上野辰美，宇川勝美，大庭景利，斉藤伊都夫，堀田鶴好，村井道明『視聴覚的方法の理論』明治図書出版，1958.

上野辰美，大内茂男，小倉喜久，主原正夫，野津良夫『視聴覚教育新論』明治図書出版，1974.

宇治橋祐之「教育テレビ60年 学校放送番組の変遷」『NHK放送文化研究所年報』63集，2019，131-193.

宇治橋祐之「教育テレビ60年 学校放送から生涯学習，「見るテレビ」から「参加・体験するテレビ」へ」『視聴覚教育』73⑷，2019，6-9.

梅根悟『コメニウス』牧書店，1963.

大内茂男，高桑康雄，中野照海編『視聴覚教育の理論と研究』日本放送教育協会，1981.

香内三郎，山本武利，岩倉誠一，田宮武，後藤和彦，川井良介，安川一『現代メディア論』新曜社，1987.

櫛田磐，土橋美歩，永尾和樹，田中康善，小池俊夫『視聴覚メディアと教育コミュニケーション：視聴覚教育の方法』学芸図書，2006.

ゲクラー，マリー著，浅田清節訳『印刷の父ヨハン・グーテンベルク』印刷学会出版部，1994.

小平さち子「調査60年にみるNHK学校教育向けサービス利用の変容と今後の展望：「学校放送利用状況調査」を中心に」『NHK放送文化研究所年報』58集，2014，91-169.

小平さち子「"子どもとメディア"をめぐる研究に関する一考察」『放送研究と調査』69⑵，2019，18-37.

コメニウスJ. A.著，井ノ口淳三訳『世界図絵』ミネルヴァ書房，1988.

斉藤孝信，吉藤昌代，中山準之助「テレビ・ラジオ視聴の現況：2019年6月全国個人視聴率調査から」『放送研究と調査』69⑼，2019，60-67.

齋藤嘉博『メディアの技術史：洞窟画からインターネットへ』東京電機大学出版局，1999.

佐伯胖，宮崎清孝，佐藤学，石黒広昭『心理学と教育実践の間で』新装版，東京大学出版会，2013.

阪本越郎『視聴覚教育』東洋書館，1951.

佐佐木秀一『コメニウス』岩波書店，1939.

高橋勉『視聴覚教育の方法』明治図書, 1967.

竹内郁郎, 児島和人, 橋元良明編著『メディア・コミュニケーション論Ⅰ』新版, 北樹出版, 2005.

竹田仁, 浜田直道, 福田千代子『情報科学とコンピュータ』日本理工出版会, 1997.

Dale, Edgar, *Audio-Visual Methods in Teaching*, THE DRYDEN PRESS, 1946.

デール, エドガー著, 西本三十二訳『デールの視聴覚教育』日本放送教育協会, 1957.

東京都放送教育研究会『放送と学習：放送教育実践報告』明治図書出版, 1954.

内閣府「平成30年度年次経済財政報告」2018, https://www5.cao.go.jp/j-j/wp/wp-je18/index_pdf.html

中野照海『教育メディアとともに』日本視聴覚教育協会, 2002.

西本三十二『放送教育の展望： 放送教育二十年』東洋館出版社, 1953.

西本三十二編『視聴覚教育50講』日本放送教育協会, 1965.

西本三十二『教育の近代化と放送教育：わが国に於ける学校放送の発達と教育近代化についての一考察』日本放送出版協会, 1966.

西本三十二, 波多野完治編『視聴覚教育事典』新版, 明治図書, 1968.

日本教育工学会編『教育工学事典』実教出版, 2000, （項目：視聴覚教育).

日本放送協会『視聴覚材の教育構造』日本放送教育協会, 1961.

波多野完治, 岸本唯博編『聴覚教育研修ハンドブック：文部省・標準カリキュラム準拠』第一法規出版, 1973.

松尾豊『人工知能は人間を超えるか：ディープラーニングの先にあるもの』KADOKAWA, 2015.

百名盛之「教科書教育と視聴覚教育」『視聴覚教育研究』16, 1985, 75-84.

文部科学省「Society5.0に向けた人材育成に係る大臣懇談会」https://www.mext.go.jp/a_menu/society/index.htm

山崎省吾『放送による学習指導』新光閣, 1951.

吉村喜好「視聴覚教育に於ける教材の考え方：Dale の"Cone of Experience"に於ける具体性と抽象性の問題を中心として」『教育科学研究報告』 4, 1958, 25-33.

■Ⅴ章

新地辰朗, 竹内智道, 江頭幸子「小学校における教師の意図的メディア活用可視化の試み」『日本教育工学会第32回大会講演論文集』2016, 525-526.

総務省「情報通信白書令和元年版」2019, http://www.soumu.go.jp/johotsusintokei/whitepaper/ja/r01/pdf/index.html

ライチェン, ドミニク・S., サルガニク, ローラ・H. 編著, 立田慶裕監訳, 今西幸蔵他訳『キー・コンピテンシー：国際標準の学力をめざして：OECD DeSeCo：コンピテンシーの定義と選択』明石書店, 2006.

内閣府「第5期科学技術基本計画」2016, https://www8.cao.go.jp/cstp/kihonkeikaku/

5honbun.pdf

文部科学省「Society5.0に向けた人材育成に係る大臣懇談会 新たな時代を豊かに生きる
　力の育成に関する省内タスクフォース，Society5.0に向けた人材育成：社会が変わる，
　学びが変わる」2018，http://www.mext.go.jp/component/a_menu/other/detail/__
　icsFiles/afieldfile/2018/06/06/1405844_002.pdf

文部科学省「統合型校務支援システムの導入のための手引き」2018，http://www.mext.
　go.jp/component/a_menu/education/micro_detail/__icsFiles/afieldfile/2018/08/
　30/1408684-001.pdf

文部省『情報教育に関する手引』ぎょうせい，1991.

■Ⅵ章
坂田仰，河内祥子『教育改革の動向と学校図書館』八千代出版，2012.

高鍬裕樹，田嶋知宏『新訂 情報メディアの活用』放送大学教育振興会，2022.

「探究 学校図書館学」編集委員会『情報メディアの活用』（探究 学校図書館学5）全国
　学校図書館協議会，2021.

日本図書館情報学会用語辞典編集委員会『図書館情報学用語辞典』第5版，丸善出版，
　2020.

堀川照代『「学校図書館ガイドライン」活用ハンドブック：解説編』悠光堂，2018.

さくいん

［編著者］

新地 辰朗（しんち・たつろう）
  兵庫教育大学大学院学校教育研究科修了，修士（学校教育学）
  宮崎大学大学院工学研究科博士後期課程修了，博士（工学）
現在 宮崎大学理事・副学長
主著 「授業デザイン力で成功に導くプログラミング教育」『理科の教育』
  69(2)，東洋館出版，2020，9-12.
  「小学校教員を対象としたICTの基本的な操作の指導に関する実態
  調査」（共著）『日本教育工学会論文誌』38(Suppl)，2014，161-
  164.
  「"D情報に関する技術"に係る学習指導改善に向けた中学生の情報
  通信概念の評価」（共著）『日本産業技術教育学会誌』53(1)，2011，
  25-32. ほか

［執筆者］（執筆順）

和田 裕一（わだ・ゆういち）
  東北大学大学院情報科学研究科博士後期課程修了，博士（情報科
  学）
現在 東北大学大学院情報科学研究科准教授
主著 『コーパスからわかる言語変化・変異と言語理論2』（分担執筆）開
  拓社，2019.
  『応用心理学ハンドブック』（分担執筆）福村出版，2022. ほか

泰山 裕（たいざん・ゆう）
  関西大学大学院総合情報学研究科博士課程後期課程修了，博士（情
  報学）
現在 鳴門教育大学大学院准教授
主著 『教育の方法と技術』（分担執筆）ミネルヴァ書房，2019.
  『ICT活用の理論と実践』（分担執筆）北大路書房，2021.
  『学級遊びで身に付く Google Workspace for Education』（編著）
  東洋館出版，2022.

後藤　康志（ごとう・やすし）
　　　　新潟大学現代社会文化研究科日本社会文化論専攻修了，博士（学術）
現在　新潟大学教育基盤機構教職支援センター准教授
主著　*Towards the Construction of Media Literacy in Japan*（共著）Niigata University, 2009.
　　　『メディア・リテラシーの教育論：知の継承と探究への誘い』（共著）北大路書房，2021.
　　　『未来を拓く教師のわざ』（分担執筆）一茎書房，2016.

田嶋　知宏（たじま・ちひろ）
　　　　筑波大学大学院図書館情報メディア研究科博士前期課程修了，修士（学術）
現在　常磐大学人間科学部准教授
主著　『新訂 情報メディアの活用』（共編著）放送大学教育振興会，2022.
　　　『学校図書館への招待 第2版』（共著）八千代出版，2022. ほか

梨本（久保内）加菜（なしもと（くぼうち）・かな）
　　　　東京大学大学院教育学研究科博士課程満期退学，修士（教育学）
現在　鎌倉女子大学児童学部教授
主著　『生涯学習時代の教育制度』（単著）樹村房，2017.
　　　『博物館情報・メディア論』（共著）ぎょうせい，2013.
　　　『博物館教育論』（分担執筆）ぎょうせい，2012. ほか

情報メディアと教育
新たな教育をデザインする

2023年3月28日　初版第1刷発行

編著者	新 地 辰 朗	
発行者	大 塚 栄 一	

〈検印廃止〉

発行所　株式会社 樹村房

〒112-0002
東京都文京区小石川5丁目11-7
電　話　　03-3868-7321
ＦＡＸ　　03-6801-5202
振　替　　00190-3-93169
https://www.jusonbo.co.jp/

組版・印刷／亜細亜印刷株式会社
製本／有限会社愛千製本所